Inès Bayard

SCHAM

Roman

Aus dem Französischen
von Theresa Benkert

Paul Zsolnay Verlag

Die Originalausgabe erschien erstmals 2018 unter dem Titel
Le malheur du bas im Verlag Albin Michel, Paris.

2. Auflage 2020
ISBN 978-3-552-05976-4

Motto: Georges Perec, Die Dinge, aus dem Französischen
von Eugen Helmlé, Diaphanes, Zürich, 2016
Satz: Nadine Clemens, München
Autorenfoto: © Deborah Morier
Umschlag: Anzinger und Rasp, München
Foto: © claudio.arnese/Getty Images
Druck und Bindung: GGP Media GmbH, Pößneck
Printed in Germany

FSC
www.fsc.org
MIX
Papier aus verantwortungsvollen Quellen
FSC® C014496

Für Geneviève
Combas Boteilla

»Lange kann man nicht in einem Wahn leben.
Die Anspannung in dieser Welt, die so viel versprach
und nichts hielt, war zu stark.«

Georges Perec, *Die Dinge*

DEM KLEINEN THOMAS war keine Zeit geblieben, das Kompott aufzuessen. Seine Mutter hatte ihm nicht die geringste Chance gelassen. Das Gift hatte sich so schnell im Blut ausgebreitet, dass er vor seinem Tod nicht lange leiden musste. Nur Maries Körper war immer noch aufrecht, fest gegen die Stuhllehne gedrückt, ihr Kopf nach hinten gekippt. Sicher hatte sie darum gekämpft, die Aufmerksamkeit auf sich zu lenken. Laurent hatte zuerst serviert bekommen. Beim Anblick der drei bleichen, am Tisch erstarrten Körper hätte sich kaum jemand das herzliche Lachen vorstellen können, das noch Sekunden vor der Tragödie das Zimmer erfüllte.

Marie hatten keine Gewissensbisse geplagt, und abgesehen von ihrer letzten Tat gab es keine Spuren körperlicher Gewalt. Alles lag an seinem gewohnten Platz, die würzig-säuerlichen Essensgerüche in der Küche waren noch nicht verflogen, die Stoffservietten kaum beschmutzt, die Wasserkaraffe stand genau in der Mitte des Tisches.

Das Kind saß noch immer im Hochstuhl, es war mit dem Gesicht auf den Teller gesackt, mitten in die Reste, die es nicht hatte aufessen wollen. Die kleinen, speckigen Finger baumelten in der Luft. Maries Fäuste dagegen lagen auf dem Tisch. Ein einziger tragischer Vorfall in ihrem Leben hatte zu dieser Tat geführt. Nun sah sie endlich friedlich aus. Ihre Gesichtszüge waren entspannt, ihr Körper frei von jedem sinnlosen Schmerz. Sie war endlich Frau der Lage geworden. Eine der Frauen, die ihr Schicksal selbst in die Hand nehmen. Ihr Ehemann hatte furchtbar gelitten. Er hatte gespürt, wie sich seine Lungen mit Blut füllten, seine Atmung stockte und sein Kehlkopf durch die Krämpfe seines schweißnassen Körpers blockiert wurde. Er war vom Stuhl gefallen und minutenlang auf dem Boden herumgekrochen, hatte riesige Mengen Blut und Erbrochenes auf die weißen Küchenfließen gespuckt. Aber er war nicht gestorben. Als einziger Überlebender war er einige Stunden später mit dem Krankenwagen abgeholt worden, immer noch zwischen Leben und Tod. Am Anfang dieses entsetzlichen Chaos hatte seine Frau, die das Essen noch nicht angerührt hatte, zugesehen, wie er auf dem Boden zusammenbrach, dann hatte sie ihrem Sohn die ersten vergifteten Löffel gegeben. Sie wollte kein Blutvergießen. Blut war schon genug geflossen. Eine Vergiftung hatte sie für das Klügste gehalten. Laurents Handy hatte die ganze Zeit auf dem Schränkchen im Flur vibriert. Vielleicht hätte er die Wahrheit noch erfahren können, bevor er den ersten Bissen hinunterschluckte.

Das Stadtviertel Charonne war von Polizeikräften abgesperrt worden. Eine reine Vorsichtsmaßnahme. Die Ermittler hatten schnell begriffen, was geschehen war.

Die zwei Leichen wurden von den Stühlen gelöst. Die Gerichtsmediziner mussten die steifen Gliedmaßen zuerst mithilfe einer Injektion entspannen, um sie dann unter den bestürzten Blicken der Nachbarn in die Leichensäcke zu legen.

Marie hatte schon darüber nachgedacht, ihren Sohn zu töten, viele Male und auf verschiedene Arten. Sie war fest entschlossen. Tag für Tag hatte das Kind mit dem falschen unschuldigen Blick ihr Gewissen zu diesem Mord getrieben. Aber die Umstände hatten ihr bisher nie erlaubt, es zu Ende zu bringen, meistens waren praktische Probleme dazwischengekommen. Nun hatte sie ihren kleinen Jungen getötet, und das war nur gerecht.

Bevor weitere Enthüllungen die ersten Urteile nach sich ziehen, halten wir einen Moment inne und lassen die Gestalt der toten Frau auf uns wirken, die im Kreis ihrer Lieben als Einzige noch aufrecht am Tisch sitzt.

WIE JEDEN MONTAGMORGEN wird Marie fünf Minuten zu spät ins Büro kommen. Das ist die letzten sechs Jahre so gewesen und wird sich nicht ändern. Es ist einfach ein weiterer Bestandteil ihrer Alltagsroutine geworden. Laurent läuft mit einer Tasse lauwarmem Kaffee in der Küche herum. Marie sieht ihn genauso liebevoll an wie vor zehn Jahren. Seit damals hat sich nicht viel verändert. Sie hatten sich bei der Studentenparty eines gemeinsamen Freunds kennengelernt. Marie, ein junges, schüchternes Mädchen, hatte Laurents Annäherungsversuchen nicht sofort nachgegeben. Er musste sehr hartnäckig sein, damit sie einer ersten Verabredung zustimmte. Drei Jahre später heirateten sie in Bois-le-Roi, umgeben von der Zuneigung ihrer Familien und Freunde.

Von Anfang an ist es ein bescheidenes Glück gewesen, eine Liebe, die ausreicht, um nicht mehr nur an sich selbst zu denken. Sie kümmert sich um ihn, ermutigt ihn in seinen Projekten, tröstet ihn, wenn er Zweifel hat, hilft ihm jeden Morgen, seine Akten zu suchen, damit er nicht zu spät in die Kanzlei kommt. Laurent liebt Marie aufrichtig und innig, aber er ist ihr gegenüber nicht so aufmerksam. Sie sind kein Paar, das sich auf den ersten Blick versteht. Sie müssen diskutieren, einander ihre Meinung erklären und begründen. Vor vier Jahren hat Laurent in einer großen Kanzlei angefangen, die auf Erb- und Scheidungsrecht spezialisiert ist. Sein Arbeitstag beginnt um 9 Uhr und dauert oft bis spätabends. Marie versteht seinen Ehrgeiz, macht ihm keine Vorwürfe. Sie verdient weniger als er, aber liebt ihre Arbeit in der Bank.

Wenn sie morgens in die Filiale an der Place de la République kommt, fühlt sie sich gebraucht, ist dankbar für ihre Aufgabe, anderen zu helfen, ihnen mit Rat zur Seite zu stehen, Vorschläge zu unterbreiten. Geld hat für sie nie eine große Rolle gespielt, aber sie ist froh, mit ihrem Mann ein bequemes Leben führen zu können.

Kurz nach der Hochzeit haben Laurent und Marie eine große Wohnung auf dem Boulevard Voltaire im 11. Arrondissement von Paris bezogen. Die Geselligkeit in diesem Stadtviertel hat ihnen sofort gefallen. Zahlreiche Geschäfte und Boutiquen säumen die großen Arkaden von der Place de la Nation bis zur Place de la République, zur Mittagszeit erfüllt oft der Hähnchengeruch des Grillrestaurants um die Ecke ihre Wohnung, das Hupen der Busse ertönt an jeder Kreuzung, der kleine Sonntagsmarkt verbreitet Geschrei und geschäftiges Treiben. Sie haben Paris schon immer geliebt und im Laufe der Jahre viele Freundschaften geknüpft, ihr gesellschaftliches Leben ist anregend und erfüllt. Laurent pflegt einen exklusiveren Umgang als Marie. Mit einem medienpräsenten Scheidungsprozess zwischen einem ehemaligen Fußballstar und einer beliebten Schauspielerin hat er sich in einigen journalistischen Kreisen dauerhaft einen guten Ruf erworben. An vielen Abenden sind Marie und er zu privaten Partys eingeladen, bei denen das intellektuelle mit dem geschäftlichen Paris flirtet. Marie fühlt sich dabei nie unwohl. Sie ist stolz, ihren Mann begleiten zu dürfen, und verzaubert ihre Umgebung mit ihrem zurückhaltenden Charme. Im Stillen, vertieft in ihren sorglosen Alltag, achtet sie darauf, dass alles nach Plan läuft, ohne es nach außen hin zu zeigen. Um den gemeinsamen Haushalt kümmert sie sich. Ihre Erziehung, die von der bedingungslosen Liebe ihrer Eltern geprägt war, bewahrte sie in ihrer Kindheit und Jugend vor ernsthaftem Schmerz. Natürlich wurde sie oft mit schwierigen, unangenehmen Situationen konfrontiert, aber nie hatte sie auch nur einen Augenblick das Gefühl, die Kontrolle über ihr Leben zu verlieren.

Der Herbst ist Maries liebste Jahreszeit. Eine poetische Zeit. Die Platanen auf dem Boulevard Voltaire lassen ihr orangerotes Blätterkleid auf den Gehweg fallen, die Luft ist frisch, aber nicht zu feucht, der Himmel azurblau. Die Sonnenstrahlen erhellen einen Teil der Küche. Marie sieht glücklich aus dem Fenster. »Es ist wirklich schön draußen. Hast du all die Farben gesehen?« Laurent antwortet nicht. Er sucht verzweifelt die Gerichtsakte vom Vortag. Marie lächelt, als sie die Akte direkt vor ihm auf der Küchenanrichte entdeckt. Sie steht auf und reicht sie ihm mit einem Lächeln auf den Lippen. Laurent sieht sie belustigt an, dann küsst er sie, bevor er zur Arbeit eilt. Das Alltägliche beruhigt Marie. Sie weiß, was zu tun ist, ohne darüber nachzudenken, und während viele das als beengend empfinden würden, hat es sie noch nie gestört. Marie trinkt den Kaffee aus. Um 8:45 Uhr verlässt sie das Haus.

Kaum ist sie draußen, nimmt sie die morgendliche Geschäftigkeit wahr, die der arbeitenden Franzosen und derjenigen, die noch immer auf den Beinen sind. Marie ist bewusst, dass sie sich nie wirklich behaupten musste. In eine gutbürgerliche, konservative Familie geboren, immer umsorgt, bei allen Entscheidungen von ihren Eltern ermutigt und unterstützt, kann sie die Abwege der menschlichen Seele nicht wirklich verstehen. Das liegt nicht an mangelndem Mitgefühl. Sie versetzt sich oft in andere hinein, in ihre Kunden, um nachzuvollziehen, was in deren Leben wirklich auf dem Spiel steht, was sie riskieren, was sie zu verlieren haben oder gewinnen können. Von der Metrostation République sind es nur ein paar Minuten Fußweg, um 9:05 Uhr betritt sie die Filiale. Die Kollegen sind ihr gegenüber immer herzlich. Sie begrüßen sie lächelnd, bieten ihr an, vor den Terminen gemeinsam einen Kaffee zu trinken, suchen sie für kluge Ratschläge auf. Marie ist Vermögensberaterin. Ihr Posten ist privilegiert. Sie hat eine gute Stellung innerhalb der Bank. Die Kunden mögen sie sehr. Ihre Schubladen sind voll mit Geschenken aller Art: Pralinenschachteln, Weinflaschen, hausgemachte Konserven, Halstücher ... Wenn sie am Abend von der Arbeit nach Hause kommt, berichtet Marie ihrem Mann mit Vergnügen von den Erlebnissen ihres Tages oder erzählt von den Auseinandersetzungen, denen sie sich manchmal stellen muss. Bei ihrer Arbeit dreht sich alles ums Geld. Zum Kundenkreis gehören hauptsächlich Personen, deren Einkommen hoch genug ist, dass interessante Geldanlagen für sie in Frage kommen. Am Montagmorgen muss Marie immer die Konten der wichtigsten Kunden einsehen, damit sie über Einzelheiten bestimmter Transaktionen im Bilde ist. Auf ihrem großen Schreibtisch stehen gerahmte Fotos von Laurent und ihr im Urlaub, von der Familie, ihrer Schwester, ihrem Neffen und ihrer verstorbenen Großmutter. Ihr kommt der Gedanke, dass sie ihre Familie zu selten sieht. Ihre Eltern wohnen seit Maries Geburt in einem großen Haus in Bois-le-Roi nur einige Kilometer von Paris entfernt. Ihre Schwester lebt mit ihrem Mann und ihrem Sohn im 9. Arrondissement mitten im Stadtviertel Saint-Georges. Sie stehen sich sehr nah, heute treffen sie sich zum Mittagessen.

Das Telefon klingelt. Herr Collard versteht nicht, warum die von ihm geforderte Überweisung immer noch nicht getätigt wurde. Frau Siris würde gerne wissen, ob sie ihrem Sohn mit dem Geld aus ihrer Lebensversicherung zum Geburtstag ein neues Auto kaufen kann. Frau Frousard fragt sich, ob ihr

Ehemann weiterhin zur Schenkung bereit ist, die er ihr bei der Scheidung versprochen hat. Jeder Kunde hat sein Problem, und Marie weiß genau, wie sie zu lösen sind. Die Stunden vergehen. Termin folgt auf Termin. In der Ferne hallen durch ganz Paris die Demonstrationen gegen den Gesetzesentwurf, der die Ehe für Homosexuelle öffnen soll. Aus dem Bürofenster beobachtet Marie, wie hunderttausende Menschen durch die Straßen ziehen und an der Place de la République riesige rosa und blaue Transparente schwenken. Ihre Eltern haben ihr erzählt, sie hätten darüber nachgedacht, an der Demonstration teilzunehmen, hätten es aber dann doch zeitlich nicht einrichten können. Auch Laurent ist dagegen. Wie viele französische Kinder sind Laurent und Marie getauft, haben den Religionsunterricht besucht und sind manchmal am Sonntagmorgen oder an bestimmten Feiertagen mit den Eltern in die Kirche gegangen. Für Marie ist es eine Frage der Religion und des Prinzips. »Die haben schon recht! Die Ehe ist für Mann und Frau, das ist schon immer so gewesen. Selbst einige Homosexuelle sind gegen das Gesetz.« Marie lächelt die Kundin an. Sie findet die Bemerkung einfältig, vertieft sich aber lieber wieder in den Vertrag für die Wohngebäudeversicherung.

Es ist Mittag. Marie verlässt die Bank, sie will sich mit ihrer Schwester Roxane in einer Brasserie in der Rue de Bretagne treffen. Alle an die Place de la République angrenzenden Straßen sind noch durch ein Polizeiaufgebot gesperrt. Als sie gestern Abend die Nachrichten im Fernsehen verfolgt haben, hat Laurent zu Marie gesagt, dass er die ständigen Demonstrationen in Paris leid sei. Doch Marie findet es erfrischend. Sie selbst würde sich bestimmt nie an einer Protestbewegung beteiligen, aber sie weiß es zu schätzen, wenn andere es für sie tun.

Roxane sitzt auf der Terrasse, neben ihr das Baby im Kinderwagen. Heute ist ihr freier Tag. Marie freut sich, ihre Schwester zu sehen, küsst sie auf die Wangen und setzt sich neben sie. Der Säugling wimmert, bis Roxane ihm das Fläschchen gibt. Marie betrachtet das Kind zärtlich, streichelt es, gibt ihm liebevolle Kosenamen. Roxane erzählt ihr von ihrem letzten Urlaub mit Julien in Rom. Ihr Sohn ist währenddessen bei den Großeltern geblieben, die nur zu gerne auf ihn aufgepasst haben. Alle in der Familie fragen sich, warum Laurent und Marie mit dem ersten Kind noch warten. Sie ist einunddreißig Jahre alt, er dreiunddreißig. Es kann keinen günstigeren Moment geben, um eine Familie zu gründen. Bisher hatte sie einfach noch keine Zeit, darüber nachzudenken. Es hatte etwas gedauert, bis ihre Karrieren in Schwung kamen, und die Arbeit stand für sie beide zunächst an erster Stelle. »Pass auf, sonst bist du am Ende zu alt! Du willst doch nicht als Oma durchgehen!« Roxane hat ihr erstes Kind mit vierundzwanzig bekommen. Sie sieht glücklich aus, aber erschöpft. Über die Erschöpfung wird zwar manchmal gesprochen, aber man macht nie viel Aufhebens darum. Das Elternglück ist Grund genug für die anderen, sich ebenfalls ins Abenteuer zu stürzen. Es ist 13 Uhr. Marie und Roxane verlassen das Restaurant. Sie umarmen sich lange zum Abschied und versprechen sich, bald zu telefonieren.

Der Arbeitstag ist zu Ende. Die Sonne geht gerade erst unter. Marie schlendert die Rue du Temple entlang, um ein paar Einkäufe im Monoprix zu erledigen. Heute Abend möchte sie Laurent etwas besonders Gutes kochen. Vielleicht hat sie noch genug Zeit für ein Kalbsfrikassee. Der Herbstwind bläst ihr angenehm ins Gesicht. Vor den Eingängen der Geschäfte drängen sich die Leute. Niemand hält sich lange an einem

Ort auf. Als hätten alle vereinbart, sich in entgegengesetzte Richtungen zu bewegen. In Paris gibt es keinen Stillstand. Sie holt ihr Rad, das sie am Tag zuvor wegen des Regens in der Nähe der Bankfiliale stehenlassen hat, legt die Einkäufe in den kleinen Fahrradkorb und bricht auf in Richtung Boulevard Voltaire.

Laurent ist noch nicht zu Hause. Ihr bleiben also ein paar Stunden, um das Essen vorzubereiten. Sie weiß, dass er sich riesig über sein Lieblingsessen freuen wird. Während Marie in der Küche das Gemüse schält, denkt sie darüber nach, was ihre Schwester beim Mittagessen gesagt hat. Sie denkt darüber nach, wie es wäre, Mutter zu sein. Schon als Kind wusste sie, dass sie einmal Mama sein würde, und verbrachte ihre Zeit damit, sich um die kleinen Puppen zu kümmern, die ihre Eltern ihr zu Weihnachten schenkten. Jetzt fühlt sie sich bereit für ein Kind mit Laurent, und vielleicht ist sie deshalb auf die Idee gekommen, heute Abend für sie beide dieses Essen zu kochen. Sie möchte die Pille absetzen und ein Familienleben beginnen. Es ist 20:30 Uhr. Die Zeit vergeht so schnell. Das Kalbsfrikassee köchelt, der Tisch ist gedeckt. Marie kennt jede Bewegung Laurents, wenn er abends nach Hause kommt. Er lässt die Schlüssel auf die Anrichte im Flur fallen, hängt den Mantel an den Kleiderhaken, geht drei Schritte, bis ihm einfällt, dass er die Eingangstür noch nicht geschlossen hat, er schließt sie, dann ruft er ihren Namen, um sich zu vergewissern, dass sie da ist.

An seinem Lächeln und seinen eiligen Schritten erkennt Marie, dass er gute Neuigkeiten hat: »Ich habe mir den Fall Lancarde geangelt!« Sie freut sich, nimmt ihn in den Arm, um ihn zu beglückwünschen. Sie halten sich zärtlich umschlungen, küssen sich, sehen sich in die Augen. Er hebt sie hoch, dann setzt er sie behutsam auf die Küchenanrichte und küsst sie noch einmal. Gérard Lancarde ist ein reicher Industrieller, er hat sich auf den Kunststoffhandel in Europa spezialisiert. Sein Vater, der vor über fünfzig Jahren die Unternehmensgruppe Calcum gegründet hat, sollte seinem Sohn beim offiziellen Eintritt in den Ruhestand über die Hälfte der Firmenanteile übertragen. Einige Jahre vor der Nachfolge hat er jedoch ein zweites Mal geheiratet, eine russische Sängerin, die in ihrem Land sehr beliebt ist und der er gegen den Willen seines Sohns einen beträchtlichen Anteil der Aktien vermacht hat. Laurent kann seine Ankündigung selbst noch nicht fassen: »Stell dir vor, Liebling, bei diesem Vertrag geht es um mehrere hundert Millionen Euro Erbschaft, und er hat sich ausgerechnet für mich entschieden! Ich kann es einfach nicht glauben.« Marie freut sich aufrichtig für ihn. Laurent nähert sich dem immer noch dampfenden Topf. Sein kindliches Verhalten, wie er langsam den Deckel hebt, um mit geschlossenen Augen den Duft des Fleisches einzuatmen, rührt Marie. Aber plötzlich denkt sie wieder an ihren Kinderwunsch. Mit dem neuen Vertrag wird Laurent vielleicht keine Zeit mehr haben. Sie spürt ein schmerzhaftes Ziehen in der Magengrube.

Nachdem Laurent ihr den Fall eine Stunde lang bis ins Detail erläutert hat, scheint er immer noch nicht bemerkt zu haben, dass sie etwas bedrückt. »Übrigens, Schatz, ich habe mich heute mit meiner Schwester getroffen. Guillaume ist so süß. Er ist schon wieder gewachsen!« Laurent hört zu, aber stellt keinen Zusammenhang zu ihrer eigenen Situation her und isst ungerührt weiter. Angesichts dieser Ausweglosigkeit entscheidet sich Marie für die Flucht nach vorne: »Ich möchte auch gerne ein Kind. Ich glaube, dass jetzt der richtige Augenblick ist, ich glaube, wir könnten jetzt zusammen eine Familie gründen. Ich spüre es, ich bin bereit.« Laurent fällt ein Stück Fleisch aus dem Mund. Überrascht von der Neuigkeit, ist er ganz blass geworden. Daran hat er nicht gedacht. Zumindest hatte er keine Zeit, sich wirklich Gedanken darüber zu machen. Stille macht sich breit. Maries Atmung setzt aus, sie wartet auf seine Antwort, um wieder durchatmen zu können. Laurent lächelt, steht auf und küsst sie mitten auf den Mund. »Mein Liebling. Ja, ich will! Natürlich will ich ein Kind mit dir!« Maries Körper entspannt sich, unermessliche Erleichterung und Freude durchströmen sie. Sie hat sich noch nie so unbeschwert gefühlt, jede Faser ihres Wesens ist berauscht, der Druck fällt endlich von ihr ab. Sie hat Lust, es über die Dächer von Paris hinauszuschreien, ihre Eltern anzurufen, ihre Schwester, ihre Kollegen, ihre Kunden, um ihnen die große Neuigkeit zu verkünden, noch bevor sie überhaupt schwanger ist.

An diesem Abend werden sich Laurent und Marie, nachdem sie das Kalbsfrikassee genossen haben, eng umschlungen, voller Begeisterung für ihre Pläne schlafen legen.

SEIT SIE SICH für ein Kind mit Laurent entschieden hat, ist Marie in Hochstimmung. Während sie auf dem Boulevard du Temple in die Pedale tritt, wird ihr plötzlich bewusst, wie viel Glück sie doch hat, diese Frau zu sein. Sie liebt ihre Arbeit, lebt mit einem Mann zusammen, den sie vergöttert, ihr fehlt es an nichts, bald wird sie ihr erstes Kind bekommen. Sie malt sich die Familienessen in Bois-le-Roi mit Laurent und ihrem Baby aus. Die neuen Fotografien, die sie auf ihren Schreibtisch stellen und triumphierend ihren Kunden zeigen kann. Die langen Spaziergänge im Jardin du Luxembourg, wie stolz sie sein wird, mit dem Kinderwagen zum großen Wasserbecken in der Mitte zu gehen. Sie wird eine liebende, aufmerksame Mutter sein, so wie ihre eigene. Auf einmal hat sie den Eindruck, mehr Kindern über den Weg zu laufen. Um sie herum wirbelt ein Ballett aus Kinderwagen und kleinen Gestalten durch die Straßen. In Eile, mit wachsamem Blick treten die Mütter entschlossen die erste Etappe ihres Marathons an: die Kinder in die Schule bringen, zum Abschied küssen, von weitem sichergehen, dass sie auch wirklich das Gebäude betreten.

Marie kommt pünktlich in der Bank an. Sie weiß, dass dieser Freitag anstrengender wird als sonst, weil heute die vierteljährliche Besprechung der Verkaufszahlen ansteht. Sie ist nicht die beste Geschäftsfrau. Bei Ausschüssen lobt ihre Vorgesetzte sie immer für ihr Verständnis und ihre analytischen Fähigkeiten, nicht unbedingt für ihren Geschäftssinn. Heute Nachmittag wird sie zum ersten Mal dem neuen Generaldirektor der Pariser Zweigstelle im 10. Arrondissement begegnen. Er hat Wert daraufgelegt, persönlich anwesend zu sein, um die Belegschaft zu motivieren. Alle Mitarbeiter in der Filiale haben Angst, wegen schlechter Bilanzen gerügt zu werden.

Besonders nervös ist Hervé, der zweite Vermögensberater. Er weiß, dass er während dieses ersten Quartals hinter den Anforderungen zurückgeblieben ist. Marie bedauert ihn. Anfang fünfzig, am Ende seiner Karriere, wirkt er sehr verzweifelt über die Arbeit, die Kunden und das Tempo, das die neuen Unternehmensrichtlinien vorgeben. Er würde gerne aufhören, aber er hat keine Wahl. Er muss seinen Immobilienkredit zurückzahlen, seine undankbare, jugendliche Tochter mit Taschengeld versorgen, für seine Frau aufkommen, mit der er schon seit Jahren keiner verliebten Zukunft mehr entgegensieht, und ein wenig Geld für seine Leidenschaft, die Ornithologie, beiseitelegen. Hervé ist fasziniert von Wildtauben, besonders von Turteltauben. In seiner Schreibtischschublade bewahrt er heimlich eine Mappe auf mit allen Artikeln, die er zu diesem Thema gefunden hat. Darauf ist er sehr stolz. Nach schwierigen Kundengesprächen oder auch einfach nur zum Spaß holt er den Ordner hervor und verbringt die seltenen heiteren Augenblicke seines Lebens damit, in den vergilbten Fotografien der durch die Lüfte fliegenden Vögel zu blättern. Hervé ist rührend, aber zutiefst unglücklich.

Marie nimmt am Konferenztisch Platz, beladen mit einem Aktenstapel, der hoffentlich zu ihrer Verteidigung ausreichen wird. Im großen Saal herrscht Totenstille. Eine Neonleuchte ist nicht richtig festgedreht, sie knistert. Die Filialleiterin erhebt sich und schaltet sie aus. Ihr hageres Aussehen und ihr herrisches Auftreten haben Marie schon immer eingeschüchtert. Wenn sie alleine bei ihr im Büro ist, senkt Marie den Blick und vermeidet es, ihr in die Augen zu sehen. Colette Sirmont ist eine starke Frau, eine Karrieristin, energisch, anspruchsvoll, beinahe angsteinflößend. Marie erkennt sich in keinem ihrer Charakterzüge wieder, weder beruflich noch privat. Wenn Marie bei den Terminen mit ihren Kunden alleine ist, dann ist sie entspannt, fühlt sich wohl, überrascht sogar manchmal mit Scherzen. Bei ihrer Arbeit in der Bank kann sie in die Rolle einer anderen Frau schlüpfen. An Laurents Seite weiß sie sich nur mit Sanftmut und Zurückhaltung zu behaupten, so wie schon vor zehn Jahren, wenn sie mit ihm und seinen Freunden zusammen war. Die Kollegen werfen sich durchs Zimmer Blicke zu. Sie schätzen sich gegenseitig ab, um herauszufinden, wer von ihnen am schlechtesten dasteht. Der Direktor erscheint. Er knallt die Tür zu. Gesichtszüge verkrampfen sich, Hände wissen nicht mehr, wohin, Münder schließen sich höflich. Er ist groß, stattlich, ziemlich anziehend. Den Frauen ist es gleich aufgefallen. Mit dem wachen Blick von jemandem, der es gewohnt ist, andere zu führen, steuert er zielstrebig auf das Tischende zu. Er zieht es vor zu stehen.

Marie beobachtet ihn von weitem. Er beginnt seine Ansprache, während sein Assistent den Overheadprojektor einschaltet. Er kündigt an, er habe keine Zeit, jeden Fall individuell durchzugehen, und ziehe es deshalb vor, die Ergebnisse jedes Mitarbeiters im Laufe der Woche in Einzelgesprächen zu analysieren. Eine Welle der Erleichterung geht durch den Saal. Wieder lächelnde Gesichter. Marie wird gebeten, das Wort zu ergreifen und über ihre Verkaufserfahrung mit der neuen Lebensversicherung zu berichten. Sie erhebt sich mit gesenktem Kopf und geht nach vorne zum Direktor. Er starrt sie unverwandt an, mustert sie. Marie riecht sein Parfüm. Eine kräftige Mischung aus Eau de Cologne, Leder und Sandelholz. Sie benutzt nie Parfüm, Laurent mag es nicht. Nach ihrem Bericht geht Marie zurück an ihren Platz; unter dem zufriedenen Blick des Direktors. Ihre Kollegin beglückwünscht sie und meint, sie habe ihre Verkaufsstrategie gut dargelegt. Nach einer Stunde erklärt der Direktor die Konferenz für beendet. Alle verlassen den Saal, um zu ihrer Arbeit zurückzukehren. Hervé ist erleichtert, aber er weiß, dass das nicht lange anhalten wird und ihm nur ein paar Tage Schonfrist bleiben, bis das Urteil über ihn fällt. Beim Rausgehen begegnet Marie dem Blick des Direktors, der ihr nickend zulächelt. Sie hat noch drei Termine heute Nachmittag. Der Arbeitstag geht weiter.

Es ist 18:30 Uhr. Marie hat alle vertraulichen Daten ihrer Kunden an diesem Tag eingegeben, endlich kann sie gehen. Draußen ist sie wieder einmal überrascht, wie sehr ihr der Trubel gefällt. Sie, die so ruhig, ausgeglichen, beherrscht und geduldig ist, wird von Paris angetrieben, mit Leben erfüllt. In ihrer Jugend hat sie es immer ein wenig bedauert, in der Provinz zu leben. Bois-le-Roi ist zwar nicht so weit von Paris entfernt, aber die Zugfahrt jedes Wochenende zu ihren Freunden in die Metropole war frustrierend. Sie hat immer gewusst, dass sie später einmal in Paris leben würde. Die Oktobernacht bricht langsam herein. Die Rue Meslay kommt ihr noch finsterer vor als sonst, vielleicht ist eine Straßenlaterne ausgefallen. Marie weiß nicht mehr genau, wo sie ihr Fahrrad stehenlassen hat. Vielleicht vor dem kleinen türkischen Restaurant, wo sie donnerstags gerne zu Mittag isst. Bis auf wenige nach Hause eilende Fußgänger ist die Straße verlassen. Die großen Gebäude sind in warmes Licht getaucht. Sie sieht immer gerne in die Fenster der Wohnungen, wenn sie durch

Paris geht. Einen Blick ins Privatleben der Leute erhaschen, ihren Geschmack bei der Einrichtung beurteilen, Kindern beim Spielen, Eltern im Gespräch auf dem Balkon oder beim Kochen zusehen. Plötzlich fragt sie sich, ob andere das auch machen. Ob sie auch beobachtet wird, wenn sie in ihrer Wohnung herumläuft. Im schwachen Schein der Straßenlaterne sieht sie von weitem ihr Fahrrad. Es ist umgefallen. Das Vorderrad ist komplett zerlegt, der Reifen verschwunden, die Radgabel zerbrochen. Bestürzt eilt sie hin, versucht vergeblich, es gegen die Säule zu lehnen, begreift dann aber schnell, dass sie es nicht mehr benutzen kann. Sie ist hilflos. Zum ersten Mal in ihrem Leben ist sie Opfer von Vandalismus geworden. Sie sieht sich suchend nach Hilfe um. Holt ihr Handy aus der Tasche, um Laurent anzurufen. Auch wenn sie schon weiß, dass er wegen einer solchen Kleinigkeit nicht kommen wird und ihr sicher nur rät, mit der Metro nach Hause zu fahren, aber sie muss seine Stimme hören, getröstet werden. Er nimmt beim ersten Klingeln ab. »Du glaubst nicht, was passiert ist! Jemand hat versucht, mein Fahrrad zu stehlen. Ich habe nicht mal mehr ein Vorderrad, sie haben alles kaputt gemacht!« Laurent ist nervös, er hat gleich ein Meeting, um die Verteidigung von Gérard Lancarde zu organisieren. Er rät ihr, die Metro zu nehmen und ihr Fahrrad einfach dort stehenzulassen. Noch während sie mit Laurent spricht, bemerkt sie auf dem Gehweg eine vertraute Gestalt. Der Generaldirektor hat sie auch erkannt. »Na, was ist Ihnen denn passiert?« Marie legt auf. Das Ganze ist ihr etwas peinlich, sie kommt sich dumm vor neben den Überresten ihres Fahrrads. Sie erklärt ihm die Situation und verbirgt dabei so gut es geht ihre Panik. Der Direktor lächelt, versucht, sie mit einer freundschaftlichen Berührung an der Schulter zu beruhigen. »Hören Sie, mein Auto steht ganz in der Nähe.

Ich kann Sie nach Hause bringen, wenn Sie möchten. Wo wohnen Sie denn?« Marie mustert ihn einen Moment verlegen, dann, nicht sehr angetan von der Vorstellung, um diese Stoßzeit die überfüllte Metro zu nehmen, entscheidet sie sich, sein Angebot anzunehmen.

Auf dem Weg fallen ihre Schritte in denselben Rhythmus, hallen hart auf dem Asphalt wider. Er spricht nicht viel, dreht sich ab und zu um und lächelt sie an. Er macht Eindruck auf sie. Immerhin ist er der Direktor. Er kramt die Autoschlüssel aus der Manteltasche und öffnet den perfekt am Straßenrand eingeparkten Mercedes. Die Scheinwerfer leuchten auf. Er scheint ziemlich stolz darauf zu sein, wie er auf andere wirkt, ist aber um eine eigenartig bescheidene Haltung bemüht. Marie setzt sich auf den Beifahrersitz. Der Ledergeruch mischt sich mit dem kräftigen Duft seines Parfüms, das ihr schon bei der Konferenz am Nachmittag aufgefallen ist. Der Direktor wirft den Mantel auf den Rücksitz und steigt ebenfalls ein. Er startet das Auto. Der Motor brummt leise. Marie ist erleichtert, dass die Fahrt nicht allzu lange dauern wird. Ihr Handy klingelt in der Tasche. Eine Nachricht von Laurent. Er fragt, ob alles in Ordnung ist. Er werde spät nach Hause kommen, noch mit seinem Mandanten zu Abend essen, sie brauche nicht auf ihn zu warten. Marie ist enttäuscht, sie hätte sich gerne heute Abend von ihm trösten lassen. Der Direktor schaltet das Radio ein. Sie erkennt die ersten Akkorde der *Gnossienne Nr. 3* von Erik Satie, das Lieblingsstück ihres Vaters. Auf einmal verdunkelt diese Sinfonie aus mehrdeutigen Klängen ihren Blick auf Paris. Die Nacht beklemmt sie. Vom betäubenden Geruch nach Sandelholz, vom Scheinwerferlicht auf der Windschutzscheibe wird ihr ganz schwindlig. Endlich biegen sie in den Boulevard Voltaire ein. Er rührt sich nicht. Die Hände fest am Lenkrad, der Blick starr, die Lippen unbeweglich. Sie wagt es nicht, den Kopf zu drehen und ihn anzusehen. Die Zeit vergeht langsamer, steht still, bedrückt den Raum. Alles wird träge. Sie will hier raus. Neben ihnen an der Ampel hält ein Auto. Eine Frau lächelt ihr kurz zu, bevor ihre Aufmerksamkeit abgelenkt wird. Das Auto fährt weiter. Es trennen sie nur noch ein paar Nummern von ihrem Haus. Es gibt keine Parklücke, und die Straße ist verstopft. Marie will am Straßenrand aussteigen, aber er fährt lieber über die Rue Richard-Lenoir, um einen besseren Platz zum Halten zu finden. »Diese Stadt ist wirklich nicht für Autos gemacht.«

Endlich spürt Marie, wie das Auto langsamer wird. Das Radio verstummt schlagartig. Sie stehen jetzt in der Einfahrt eines privaten Parkplatzes. Stille breitet sich in der Dunkelheit aus, vor der sich der Umriss des Mannes abhebt. Kein Mensch ist unterwegs. »Vielen Dank noch mal, dass Sie mich nach Hause gefahren haben, das war wirklich sehr nett. Ich meine, Sie hätten das nicht tun müssen. Es tut mir leid, aber ich muss jetzt los, mein Ehemann erwartet mich und wird sich schon Sorgen machen.« Sie weiß nicht genau, warum sie diese Lüge erfunden hat. Auf einmal hat sie ein unbehagliches Gefühl im Bauch, dieselbe gedehnte Spannung, wie sie ein Zuschauer kurz vor der Auflösung einer Filmszene spürt. »Möchten Sie nicht noch einen Augenblick bei mir bleiben?« Der Mann sieht immer noch geradeaus, die Hände locker am Lenkrad.

Marie spürt erste Anzeichen von Panik. Sie verflucht die Leute, die heute Abend ihr Fahrrad demoliert und sie in eine derart unangenehme Lage gebracht haben. »Ich glaube wirklich, Sie sollten noch einen Augenblick bleiben.« Er lässt nicht locker. Plötzlich hört Marie das kurze Klacken der Zentralverriegelung. Er sperrt sie hier ein. Sein gewaltiger, beängstigender Schatten bewegt sich langsam auf sie zu, kommt ihr sehr nahe. Sie spürt, wie etwas Kaltes, Weiches über ihre Schenkel gleitet. Sie erschaudert am ganzen Körper, ist immer noch mit dem Gurt an den Sitz geschnallt. Sie wehrt sich, verlangt entschieden, dass er aufhört und sie gehen lässt. Sie will schreien, aber wagt es seltsamerweise nicht. Kleinigkeiten gehen ihr durch den Kopf. Sie will nicht das ganze Viertel aufwecken und unnötige Aufmerksamkeit erregen. Sie will sich nicht vor ihrem Direktor blamieren, weil sie eine Belästigung vermutet, obwohl es vielleicht nur ein grober Verführungsversuch ist. Er ahnt jede ihrer Reaktionen voraus und presst ihr schnell die Hand auf den Mund. Gleichzeitig schiebt er ihr die andere Hand unter die Bluse und bewegt sie langsam nach unten zu ihrem Slip. Jetzt stößt er die Finger hinein. Marie zittert am ganzen Leib, schwitzt aus allen Poren, versteift sich im harten Ledersitz. Sie wehrt sich, stößt seinen Oberkörper weg, mit dem er sich an sie presst. Er ist zu stark, viel stärker. Sie begreift, dass sie nicht entkommen wird. Marie wird in diesem Auto vergewaltigt. Wie die Frauen im Fernsehen, die von ihrer Erfahrung mit sexueller Gewalt berichten, genau das wird ihr auch passieren. Sie kämpft mit aller Kraft. Ihre Handgelenke werden zerquetscht, ihre Beine gelähmt, die Stimme wird ihr geraubt, ihr Bauch wird niedergedrückt. Sie hört das Stöhnen des Mannes, seine keuchenden, lustvollen Seufzer an ihrem Hals. Er löst ihren Gurt und zieht den Hebel, um den Sitz zurückzuklappen. Sie fällt mit voller Wucht nach hinten. Er streckt sich, steigt auf sie. Marie spürt seine Erregung durch die Hose. Sie wehrt sich weiter, schreit. Niemand wird sie hören. Ihr Angreifer hält ihre schwachen Arme nur noch mit einer Hand fest, mit der anderen öffnet er umständlich den Gürtel und die Knöpfe seines Anzugs. Das Seidenhöschen, das Laurent ihr letztes

Jahr zum Valentinstag geschenkt hat, ist in Sekundenschnelle zerrissen. Er kratzt sie. Mit letzter Kraft bäumt sie sich auf, windet sich mit dem ganzen Körper, drückt die Füße durch, um freizukommen. Schnell ist sie erschöpft, entkräftet. Alle ihre Gliedmaßen leiden unter der Hilflosigkeit. Er dringt in sie ein. Das Auf und Ab steigert sich, erst langsam, dann immer schneller. Es tut weh. Ihre Scheide ist trocken, wird an den Seiten aufgerieben. Sie muss an die brennenden Bläschen denken, die sie vor einigen Jahren wegen eines Genitalherpes hatte und die extrem schmerzhaft gewesen waren. Plötzlich hält er inne. Mit festem Griff packt er sie an den Haaren und zwingt sie, sich auf den Bauch zu drehen. Marie hört ihn etwas murmeln, bekommt den Sinn jedoch nicht mehr zu fassen. Die Wirklichkeit ist verzerrt, nichts existiert mehr. Sie wird jeden Moment aufwachen. Vielleicht liegt sie nur im Ruheraum der Bank. Ihr Verstand hat den Blick des Direktors, als sie den Konferenzsaal verlassen hat, vielleicht falsch interpretiert. Sie ist eingeschlafen. Hervé wird sie gleich aufwecken. Sein Glied ist stahlhart wie eine Waffe. Er stößt ihr mit brutalen Hieben tief in den Bauch. Vor Schmerz muss sie sich auf den Rücksitz übergeben. Er hört nicht auf. Sein Atem geht schneller. »Komm schon!« Sein schwerer Körper schiebt sich auf Maries Gesicht. Sein hartes Glied hängt unter ihrem Mund. »Mach schon! Nimm ihn in den Mund!« Sie wirft den Kopf hin und her, fleht ihn an, aufzuhören, versucht, sich aus seiner Gewalt zu befreien. Er hält ihr Gesicht mit den Händen fest, mit den Knien wehrt er jede Gegenwehr ab und stößt ihr sein Glied gewaltsam in den Mund, tief in den Hals. Er verströmt einen schwachen Uringeruch. Sie wird ersticken. Sie beißt ihn mit den Zähnen. Er zieht sich ruckartig zurück und ohrfeigt sie. »Dreckige Schlampe! Du willst es also nicht anders!« Er bekommt erneut einen Ständer. Er dringt von hinten in sie ein, anal. Das hat sie noch nie gemacht. Marie spürt, wie ihr eine Flüssigkeit die Beine hinunterläuft. Der Schmerz ist unerträglich. Er wechselt die Körperöffnung und kommt in ihr mit einem langen, lustvollen Röcheln zum Höhepunkt. Es ist vorbei. Sein Glied ist schlaff, feucht vor Spermien, Erbrochenem, Blut, Exkrementen und Scheidensekret. Er ist befriedigt und steigt schnell auf den anderen Sitz zurück, knöpft sich die Hose zu. »Das war's, du kannst jetzt gehen.«

Marie richtet sich mühsam auf, ihr Körper brennt, ist geschwollen, sie ist überwältigt von den Schmerzen ihrer kraftlosen Muskeln und ihrer gequetschten, eingeklemmten Haut. Er entriegelt das Auto. Sie steigt aus, die Hose hängt ihr noch in den Kniekehlen. Er hält sie entschlossen mit dem Arm am Sitz fest. »Wenn du darüber mit jemandem sprichst, sind du, dein Mann und deine Karriere erledigt. Es wird dir sowieso niemand glauben, also halt einfach den Mund, und alles bleibt beim Alten.« Im schwachen gelben Licht der Straßenlaternen bemerkt Marie flüchtig das Blitzen des Eherings am Finger des Mannes. Der Motor springt wieder an. Sie tritt auf den Gehweg, stolpert an den Straßenrand. Die Tür fällt hinter ihr zu. Das Auto fährt fort.

Marie denkt nicht, dass es jetzt zu Ende ist. Sie weiß, dass das erst der Anfang ist. Der Eingang zu ihrer Wohnung liegt ein bisschen weiter die Straße hinauf, an der Ecke zum Boulevard Voltaire. Es ist noch nicht einmal 21 Uhr. Laurent sitzt bestimmt gerade beim Abendessen. Er muss auf dem Weg zum Restaurant gewesen sein und mit den Kollegen und dem neuen Mandanten gescherzt haben, während seine Frau von ihrem Chef vergewaltigt, jedes ihrer Löcher auf einem Autositz von ihm penetriert wurde. Sie hat gemerkt, wie ihr Handy auf die raue Fußmatte gefallen ist, bei ihren Füßen vibriert und geklingelt hat, und war überwältigt von der Verzweiflung, nicht danach greifen zu können. Sie betritt die Eingangshalle und begegnet dem Hausmeister beim Müllentsorgen. »Guten Abend, Frau Campan! Geht es Ihnen gut?« Marie senkt den Kopf, verdrückt sich in den dunklen Flur, antwortet ihm, während sie in den Aufzug steigt: »Ich bin ein bisschen müde, aber sonst gut! Schönen Abend.« Sie hofft, dass er nichts Ungewöhnliches bemerkt hat. Sie weiß bereits, dass sie den Schmerz versteckt, nichts sagen wird, und niemand je von ihrem Missbrauch erfährt.

Die Wohnung ist in Dunkelheit getaucht, teilweise abgeschwächt von den Straßenlichtern, die sich durch den Vorhangschlitz im Wohnzimmer verteilen. Es ist niemand da. Sie will ihren Mann anrufen, um ihn zu beruhigen. Jeder Schritt in Richtung Küche ist mühsam. Der Flur, der in alle Zimmer der Wohnung führt, scheint ihr unendlich lang, geradezu lächerlich lang. Sie greift nach dem Telefon, das sie am Morgen auf der Anrichte liegenlassen hat, und wählt Laurents Nummer. Sie hofft, dass er nicht abnimmt, damit sie ihm eine unbefangene Nachricht hinterlassen kann, ohne schwankende oder schreckhafte Atmung. Er nimmt nicht ab. »Hi, hier ist Marie. Ich bin endlich zu Hause, die Linie 9 ist nicht gefahren ... Ich gehe jetzt duschen und leg mich dann gleich hin, ich bin ziemlich erledigt. Ich hoffe, mit deinem Mandanten läuft alles gut. Ich liebe dich.«

Sie legt mit leerer, abwesender Miene auf. Sie denkt, dass es so am besten ist und sie es sowieso nicht richtig machen könnte, selbst wenn sie sich ihm anvertrauen wollte. Er würde sie immer mit anderen Augen sehen, nicht mehr als seine Frau, sondern als das Opfer, die Frau, die vergewaltigt, die beim ersten Analsex von einem anderen Glied als seinem penetriert worden ist. Plötzlich merkt Marie, dass sie nach Erbrochenem stinkt. Sie hat keine Kraft mehr zu duschen, aber sie muss es trotzdem tun. Wenn sie allein wäre, würde sie nur ein paar Schlaftabletten nehmen und sich hinlegen, aber wenn sie sich jetzt nicht wäscht, wird Laurent das fremde Parfüm am Körper seiner Frau auffallen, die Bettwäsche wird diesen widerwärtigen Geruch annehmen, und alles wird von neuem in sich zusammenstürzen.

Sie steht mitten im Badezimmer, knöpft langsam die Bluse auf, zieht mühevoll die Hose aus, in der noch Fetzen ihres zerrissenen Slips hängen. Auf ihren Oberschenkeln klebt getrocknetes Blut. Bräunliche, stinkende Spuren sind auf ihrem Bauch verteilt. Sie ist ganz nackt, sieht ihr Bild im Spiegel über dem Waschbecken. Langsam tritt sie näher, erkennt getrocknete Spermareste in ihren Mundwinkeln. Ihr Auge ist leicht geschwollen von den Ohrfeigen, aber das sieht man morgen bestimmt nicht mehr. Ihr Anblick erfüllt sie mit einer tiefen Traurigkeit. Die Wut wird sicher später kommen. Das brennend heiße Wasser fließt zwischen ihren Brüsten hinunter, überschwemmt ihren Bauch, läuft über ihren Nacken, entspannt ihre Muskeln. Sie sinkt an der Duschwand in sich zusammen, igelt sich ein, hält den Duschkopf kraftlos auf ihren Kopf gerichtet. Jede Bewegung wird zur Herausforderung, als hätte sie vorher im Alltag nie wahrgenommen, wie schwierig sie ist: aus der Dusche steigen, sich in ein Handtuch wickeln, in den Schlafanzug schlüpfen. Sie weiß, dass sie heute Abend nicht schlafen kann, und die kommenden Abende womöglich auch nicht. Sie braucht eine Schlaftablette, aber da fällt ihr plötzlich wieder ein: Sie hat sie aussortiert, weil sich Laurent nach der Einnahme eines abgelaufenen Medikaments eine leichte Vergiftung zugezogen hatte. Sie erinnert sich noch genau, dass sie die letzten Tabletten weggeworfen hat. Der Zeiger der Uhr steht auf zehn. Die

Apotheke ist sicher schon geschlossen, und sie wäre jetzt ohnehin niemals in der Lage, noch einmal hinauszugehen.

Im Schlafzimmer herrscht Chaos. Heute Morgen hat Laurent wieder einmal seine Akte überall in der Wohnung gesucht und gedacht, sie sei vielleicht unter der Bettdecke versteckt. Er hat das ganze Zimmer auf den Kopf gestellt. Marie lässt immer alles durchgehen, aber in diesem Augenblick steigt eine grenzenlose Wut in ihr auf. Sie wurde heute Abend vergewaltigt, mit Gewalt genommen, überwältigt, und nicht einmal eine Schlaftablette, die Nähe ihres Mannes und ein ordentlich gemachtes Bett sind ihr gegönnt. Sie kriecht unter die kalte Decke, schaltet das Licht der Nachttischlampe aus und wartet mit offenen Augen darauf, dass der Schlaf sie erlöst.

Gegen Mitternacht hört sie Laurent nach Hause kommen. Sie erkennt seine Schritte, seinen Gang, seinen Rhythmus. An den schwerfälligen Bewegungen im Flur erahnt sie, dass er ein bisschen zu viel getrunken hat. Das ist gut, er wird sicher gleich schlafen. Jedes Knacken der Holzdielen lässt sie zusammenzucken. Sie würde gerne das Fenster öffnen und in die gähnende Leere springen, bevor ihr Mann das Zimmer betritt. Er beugt sich zu ihr hinunter, sein Körper ist nackt und warm. »Schläfst du schon, Liebling?« Sie schließt schnell die Augen, entspannt die Gesichtsmuskeln, verlangsamt ein wenig die Atmung, seufzt leise. Schließlich wendet sich Laurent ab. Sein Körper kippt zur anderen Bettseite, weit weg von ihr. Er ist ein glücklicher Mann, bei bester Gesundheit, gesättigt, berauscht und voller Pläne, er schafft es, in nur wenigen Minuten einzuschlafen. Seine Frau dagegen weiß, dass noch viele Tage folgen werden, an denen sie das Leben und den Schlaf vortäuschen muss. Marie öffnet die Augen. Die Stille wird von ein paar Motorrollern auf der Straße durchbrochen. Ihr Blick bleibt unbeweglich, starr. Mitten in der Nacht, zur Wand gedreht, die sie früher aufgewühlt vor Lust betrachtete, scheint ihr das Unglück des Unterleibs wie die Rache des Schicksals an einem augenscheinlich zu einfachen Leben.

MARIE IST IN der Nacht mehrmals aufgestanden. Laurent hat nichts bemerkt. Sie hat gedacht, er würde nach dem Geschäftsessen gestern Abend sehr müde sein, aber offensichtlich trifft das Gegenteil zu.

Sie beobachtet schweigend, wie er in der Küche hin und her läuft. »Ich bin mir sicher, dass ich sie gestern hierhin gelegt habe!« Marie zeigt keine Reaktion. »Vielleicht sollte ich einen Pager an meinen Akten anbringen, um sie wiederzufinden! Ich bin viel zu spät dran!« Marie überlegt, ob es jemals vorgekommen ist, dass sie ihm nicht bei der Suche nach seinen Sachen geholfen hat. Die Antwort lautet nein. Ihrem Mann fällt auf, dass heute Morgen irgendetwas anders ist. »Geht's dir gut, Schatz? Du siehst so abwesend aus?« Sie entdeckt Laurents grüne Gerichtsakte auf der Obstschale. Sie sagt es ihm nicht, wartet, bis er langsam panisch wird, während die Minuten verstreichen. Sie ist kurz davor, es ihm zu sagen, da sieht er sie: »Ah, hier ist sie ja! Ich wusste doch, dass sie in der Küche ist! Na gut, ich muss los in die Kanzlei. Jean wartet auf mich! Und vergiss nicht, heute Abend sind wir um acht bei Paul und Sophia zum Essen eingeladen! Ich liebe dich.« Er lässt die Tasse in die Spüle fallen, küsst seine Frau und hastet aus der Küche.

Natürlich hat Marie das Essen heute Abend vergessen. Die Stigmen des Übergriffs vom Vortag machen sich wieder bemerkbar. Ihre Scheide tut weh, juckt, ist unangenehm geschwollen. Aus Angst vor dem Schmerz wagt sie es nicht, sich hinzusetzen. Ihre Gelenke sind steif, die Knie und die

Handgelenke entzündet. Vielleicht sollte sie einen Arzt aufsuchen. Es ist 8:30 Uhr, Zeit, zur Arbeit zu gehen.

Unten an der Treppe sucht sie ihr Fahrrad im kleinen Innenhof des Wohnhauses. Von einer plötzlichen Panik ergriffen klingelt sie beim Hausmeister. »Guten Morgen! Entschuldigen Sie, wenn ich störe, aber haben Sie zufällig mein Fahrrad gesehen?« Noch während sie die Frage stellt, erinnert sie sich: Die Überreste ihres Fahrrads stehen immer noch an der Place de la République. Danach ist sie vergewaltigt worden. Sie weicht langsam zurück. »Tut mir leid, jetzt fällt es mir wieder ein. Ich habe es ja vor dem Büro stehenlassen.« Der Hausmeister lächelt sie an. Er denkt, dass sie zu viel arbeitet, bestimmt noch müde ist.

Der Tag kommt ihr unendlich lange vor. Sie würde sich gerne hinlegen, ein ganzes Leben schlafen. Das Lächeln, mit dem sie sich an ihre langjährige Kundin wendet, gefriert. Dabei geht es um eine vielversprechende Vermögensanlage, eine Lebensversicherung über dreihunderttausend Euro. Mit dem Vertrag könnte Marie dieses Quartal in die Top 3 der besten Verkäufer aufsteigen. Ihre Kollegen würden sie bewundern, der Direktor würde ihr persönlich gratulieren. Er hat sie gestern Abend vergewaltigt. Marie hält es nicht mehr auf ihrem Stuhl aus. Das Kreuz tut ihr weh, die Schmerzen in der Scheide ziehen bis in den Bauch, drücken in heftigen Stößen ihre Eingeweide zusammen, schwellen an und ab, hindern ihren Verstand daran, sich zu konzentrieren. »Ist das Ihr Mann auf dem Foto?« Das war vor vier Jahren, als Laurent zu ihrem Hochzeitstag eine romantische Reise nach Venedig organisiert hatte. Sie waren glücklich. Marie hatte einen Touristen gebeten, sie am Markusplatz zu fotografieren. Kurz vor dem Abdrücken war Laurents Eis auf sein Hemd gefallen, was große Heiterkeit bei seiner Frau und allen Zeugen ausgelöst hatte, die im Hintergrund des Fotos stehen. Marie denkt an das Essen heute Abend. Sie weiß nicht, wie sie es schaffen soll, von Anfang bis Ende alles zu überspielen, ohne auch nur den geringsten Verdacht zu erregen.

Heute ist sie mit Hervé zum Mittagessen verabredet. Er erzählt ihr, wie verzweifelt er wegen seiner Frau und seiner Tochter ist. Gestern waren sie so dreist, den Käfig der Turteltaube zu öffnen, die er vor sechs Jahren in einem Wald im Département Orne gefunden hat. Als er nach der Arbeit nach Hause kam, fand er den Käfig bis auf ein paar Federn verlassen vor, seine Frau und seine Tochter lachten unverhohlen über seine Hilflosigkeit. Marie findet diese Geschichte unendlich traurig, sie fragt sich, wie viel Leid man anderen Menschen zufügen kann, ohne körperliche Folgen zu spüren. Die Grausamkeit der beiden Frauen wird sicherlich in Gewalt enden, aus Hervés Verzweiflung heraus. Ein gezielter Gewehrschuss in ihre Köpfe.

Laurent kommt früher als sonst nach Hause, um sich noch umzuziehen. Marie durchsucht verzweifelt ihren begehbaren Schrank, weiß nicht, was sie zum Abendessen tragen soll. Zu dunkle Kleidung würde ihre Stimmung nur zusätzlich betonen. Ein zu farbenfrohes Kleid könnte man vielleicht als aufgesetzte Fröhlichkeit interpretieren. Eine Hose ist unmöglich, sie erträgt keinen reibenden, groben Stoff mehr an ihrer Scheide. Sie hat keinen Slip an, nur eine feine Strumpfhose. Laurent bemerkt es, als sie zum zehnten Mal das Kleid wechselt. Er tritt von hinten an sie heran, streichelt ihr über die Brust, küsst ihren Nacken. »Du bist ziemlich sexy mit der Strumpfhose ... Wir könnten uns doch schon mal an die Arbeit machen ... Uns bleibt noch ein bisschen Zeit.« Das Kind hat sie völlig vergessen. Dieses Vorhaben, das sie noch vor zwei Tagen mit solcher Freude erfüllt hat, kommt ihr jetzt lächerlich, dumm, widerlich vor.

Laurent ist erregt, sie spürt sein steifes Glied an ihrem Hintern. Sie lässt es über sich ergehen, sieht keinen Ausweg. Sie hat ihn noch nie zurückgewiesen, er würde sich wundern, wenn sie es jetzt ohne jeden Grund tut. Sie wird sich nicht jedes Mal mit Müdigkeit herausreden können, um sich ihren ehelichen Pflichten zu entziehen, vor allem nicht, solange der Kinderwunsch noch im Raum steht. Laurent zieht ihr die Strumpfhose herunter, dreht seine Frau zu sich herum und legt sie aufs Bett. Er gleitet mit den Fingern in sie, streichelt sie mit kreisenden Bewegungen. Ihr Mann küsst sie, bewegt die Zunge in ihrem Mund, packt sie an den Haaren, kneift ihr leicht in die Nippel. Marie hat Angst. Sie bereitet sich gedanklich auf den Schmerz vor, wenn er sie gleich penetriert, atmet ein, atmet aus. Er dringt in sie ein. Ihren Körper zerreißt es innerlich, als würde man ihr eine breite, glühend heiße Feile tief in die Scheide stoßen. Sie verzieht den Mund, stöhnt auf angesichts dieser schweren Prüfung. Laurent macht weiter, immer fester. Jedes Auf und Ab ist eine Qual. Sie hat plötzlich das Gefühl, zu verbluten, dass ihre Organe hinabrutschen, dass in ihrem Bauch eine klaffende Wunde aufreißt. Er steckt ihr einen Finger in den After, sie schreit. Er zieht ihn zurück. Marie fühlt sich von ihrem Mann ein zweites Mal vergewaltigt. Er nimmt keine Rücksicht auf sie, peinigt ihren Körper, wendet oberflächliche Gewalt an, um der zu vertraut gewordenen Erregung zu entfliehen. Es gibt keinen Unterschied mehr zwischen den zwei Situationen. Der Sadismus ihres Vergewaltigers scheint ihr genauso wie der ihres Mannes, der nicht bemerkt, wie sie leidet. »Ich komme ... Oh ja, warte, ich komme ...« Er ejakuliert in ihr. Sie muss sich übergeben, hält sich zurück. Reste des Mittagessens kommen ihr hoch. Sie lächelt ihn an, umarmt ihn, macht sich los. Er sieht zu, wie sie schweigend aufsteht. Er bemerkt nicht, dass diese zweite schwere Prüfung für seine Frau das unumstößliche Ende jedes Kompromisses bedeutet.

DAS ABENDESSEN IST eine schlechte Idee. Auf der Fahrt denkt Marie darüber nach, wie sie ihre Freunde begrüßen, sich an den Tisch setzen, bestimmten Fragen und Blicken ausweichen wird. Paul und seine Frau Sophia wohnen im Stadtviertel Monge. Marie und Laurent hatten lange gezögert, als sie sich damals eine Wohnung einrichteten. Man hatte ihnen eine außergewöhnliche Immobilie in der Rue Daubenton angeboten, aber sie konnten sie sich zu dem Zeitpunkt noch nicht leisten, zum großen Bedauern von Marie und Sophia, die schon seit eh und je befreundet sind und sonntags gerne zusammen auf den Markt in die Rue Mouffetard gehen.

»Willst du nicht aussteigen?« Sich vor dem Essen darauf einzulassen, mit Laurent zu schlafen, ist auch eine schlechte Idee gewesen. Ihr Körper hatte sie angefleht aufzuhören, aber da war es bereits zu spät, jetzt kann sie nur noch warten, dass der Schmerz langsam nachlässt. Marie steigt mühsam aus. Ihr Mann schlägt die Autotür zu, bemerkt ihre Schwierigkeiten nicht. »Ich mag Charonne ja sehr, aber dieses Viertel ist wirklich viel ruhiger! Für Kinder ist es hier schöner.« Er lässt immer noch nicht davon ab.

Paul und Sophia haben einen dreijährigen Sohn und leben in einer großen Maisonette-Wohnung. Er ist Frauenarzt und sie Kieferchirurgin. Marie hat es bisher immer praktisch gefunden, dass ihre Freunde Ärzte sind, aber heute Abend fürchtet sie Pauls Erfahrung. Nach ihrer Vergewaltigung hat sie daran gedacht, dass sie Laurent mit sexuellen Krankheiten anstecken könnte und missbrauchte Frauen häufig mit psychischen Traumata kämpfen, aber Marie hofft, den Schmerz dieses Augenblicks einfach vergessen, auslöschen zu können. Sie wird sich in ihre Arbeit, in ihre Beziehung flüchten. Vielleicht kommt der Wunsch, mit ihrem Mann ein Kind zu haben, in ein paar Tagen wieder zurück, vielleicht ja sogar noch stärker.

Sophia erscheint in einer weiten, orangefarbenen Bluse auf dem Treppenabsatz. Freudestrahlend drückt sie Marie an sich. Im großen Wohnzimmer duftet es köstlich nach orientalischen Gewürzen. »Es gibt Couscous! Ein Rezept von Oma Zara!« Sophia ist in Marokko geboren. Sie ist stolz auf ihre Wurzeln und darauf bedacht, ihrem Sohn ein paar arabische Wörter beizubringen, damit er auch seine zweite Kultur kennenlernt. Ihr Ehemann Paul hält nichts davon und befürchtet, es könnte bei ihrem Sohn zu einer Persönlichkeitsstörung führen. »Und schon wieder fängt sie damit an! Das hier ist keine Medina, Schatz!« Sie necken sich, albern herum, verstehen sich. Marie beneidet ihre natürliche Verbundenheit. Vielleicht hätte Paul es anders als Laurent sofort begriffen.

Alle Themen am Tisch scheinen ihr belanglos. Sie ist abwesend, weit weg, vernimmt die Worte, ohne sie wirklich zu hören oder zu verstehen. Starrt einen Punkt an, wendet den Blick ab, nur um den nächsten Punkt anzustarren. Ein Wort knallt durch die Luft: »Sie hatte überall blaue Flecken. Schwellungen am Körper, war voller Blut. Wir gehen davon aus, dass sie mehrmals vergewaltigt wurde.« Maries Blick wird wieder klar, ihr Körper ist wie elektrisiert, sie kommt endlich wieder zu sich. Paul spricht über eine seiner Patientinnen. Ein junges, siebzehnjähriges Mädchen, das jahrelang von seinem Vater geschlagen, wahrscheinlich auch vergewaltigt wurde und nach einer handgreiflichen Auseinandersetzung Pauls Praxis aufgesucht hat. »Als ich sie untersucht habe, hat sich meine Vermutung bestätigt. Ich habe nicht einmal ein Spekulum gebraucht.« Es wird kurz still. Das Thema ist unangenehm, ein wenig anstößig. Sophia steht auf, um den Couscous in der Küche zu holen. Paul fährt mit seiner Geschichte fort, schildert Details. Laurent zeigt keine Betroffenheit, kaut ungerührt auf einem Stück Brot herum, als wolle er die Zeit totschlagen. »Aber ist man sich auch sicher, dass es der Vater war? – Nein, denn zurzeit wird ja angeblich jeder vergewaltigt, man zeigt schon auf Schuldige, bevor man überhaupt geprüft hat, ob sie es wirklich waren.« Marie sagt nichts, dieser Einwand trifft sie wie ein Schlag ins Gesicht. Sie fühlt sich schmutzig, schämt sich vor ihrem Mann, gibt sich plötzlich die Schuld, dass sie diesen Abend womöglich selbst provoziert hat. Paul, der diese Art Diskussion gewohnt ist, versucht zu differenzieren. Das Gute, das Böse, die Opfer, die nicht immer die sind, für die man sie hält, die öffentliche Diffamierung einiger Männer, darunter der Fall Outreau, Dominique Strauss-Kahn, Polanski …

Sophia kehrt ins Esszimmer zurück und stellt eine große, buntbemalte Fayence-Platte auf den Tisch. Sie ist randvoll mit Couscous gefüllt. »Reden wir bitte über was anderes? Deine Vergewaltigungsgeschichten aus der Praxis können wir beim Essen wirklich nicht gebrauchen.« Marie will, dass sie weiter darüber reden. Sie will aufstehen, brüllen, dass sie auch von ihrem Chef vergewaltigt wurde, dass sie das junge Mädchen verstehen kann. Sie will lauthals vor ihrem Mann und ihren Freunden hinausschreien, dass man sie gezwungen hat, einen Penis in den Mund zu nehmen, in den After, in die Scheide, dass man ihren Körper misshandelt hat, dass sie Blut an den Oberschenkeln hatte, Sperma in den Mundwinkeln, Erbrochenes auf den Brüsten, Scheiße auf dem Bauch. Marie könnte es machen. Sie kämpft mit sich. Ihr fehlt der Mut. Sie hat Angst, alles zu zerstören, ihren Mann, ihre Freunde zu verlieren, dass man sie verurteilt, verdächtigt zu lügen, zu übertreiben. Sie lässt es bleiben.

Das Leben geht weiter. Das Thema wird gewechselt. »Also, Laurent hat uns die tolle Neuigkeit schon verkündet. Genießt es noch, so lange ihr könnt, im ersten Jahr lassen sie einem nämlich keine einzige ruhige Nacht!« Schon wieder das Kind. Marie erträgt es nicht mehr. Ihre Scheide zieht, zerreißt zwischen ihren Schenkeln. Sie flüchtet unauffällig auf die Toilette. Ihre Atmung geht schneller, sie steht kurz vor einer Panikattacke. Die Wände kommen näher, die Gemälde im Flur sprechen mit ihr, verhöhnen sie für ihre Feigheit. Unkontrollierbare Tränen laufen ihr die Wangen hinunter, verwischen ihr Make-up, verunstalten ihr Gesicht. Sie steht vor ihrem Spiegelbild. Sie sieht aus wie eine Nutte. Eine vergewaltigte Nutte. Auf dem Toilettenpapier sind Blutflecken.

Als sie wieder zurückkommt, sind die Gazellenhörnchen stolz auf dem Tisch angerichtet. »Alles in Ordnung? Du siehst heute Abend ein bisschen müde aus.« Marie lächelt, gibt vor, dass sie sich seit gestern nicht so gut fühlt. Ihr Mann drückt ihr zärtlich die Hand, nimmt sie in den Arm, verspricht, dass sie bald nach Hause gehen. Marie trinkt ihren Kaffee aus und hört sich Sophias Vorschläge für den nächsten Winterurlaub an. Sie könnten alle zusammen in die Schweiz fahren. Ihre Mutter würde auf das Kind aufpassen. In der herrlichen Alpenlandschaft bei Genf Ski zu fahren, was kann es vor Weihnachten denn Schöneres geben. Marie ist tief getroffen, ihr wird plötzlich bewusst, wie wichtig die Zukunft für andere ist. Man spricht nie über die Gegenwart, nur selten über die Vergangenheit. Der Abend, an dem sie vergewaltigt wurde, ist schon nicht mehr aktuell, fast vergessen, veraltet. Selbst wenn sie es öffentlich gestehen würde, ist sie sich nicht sicher, wie die Leute reagieren würden. Marie muss ihrem Vergewaltiger bei der Arbeit wieder über den Weg laufen, vielleicht muss sie sogar für einen ihrer Kundenverträge Glückwünsche von ihm entgegennehmen, sie wird neben ihm gehen, ihn anlächeln, seinen Geruch ertragen müssen. Er wird es vergessen haben, die Zeit wird vergehen, die Aussicht auf Gerechtigkeit auch. Die Tat wird verjähren.

Sie gehen nach Hause. Paul reicht ihr den Mantel, will ihr beim Anziehen helfen. Sie lehnt ab. Marie will nicht, dass er sie berührt. Sie denkt an sein Glied, daran, wie er Sophia nimmt. Sie stellt sich vor, wie er diese junge Patientin untersucht hat, ein Ebenbild ihrer gequälten, gepeinigten Vagina, der überreizten Fasern und Nerven, des vor Schmerz gekrümmten Unterleibs. Das Kind weint. Sophia küsst Marie zum Abschied, bevor sie schnell ins Kinderzimmer eilt, um ihren Sohn zu trösten.

»Also, ich fand es ja schon immer komisch, dass ein Mann Frauenarzt ist. Mal ehrlich, ist es nicht ein bisschen schräg, sich den ganzen Tag Vaginen anzusehen?« Die Mauern der Arkaden vor dem Louvre sind uralt, seit Ewigkeiten fest im Boden verankert, unerschütterlich wie ein Fels. Sie würde gerne das Lenkrad herumreißen, damit Laurent hineinrast, sie beide auf der Stelle tot sind, er endlich seine verdammte Klappe hält. Er legt seiner Frau die Hand auf den Oberschenkel. Sie stößt ihn reflexartig weg, als habe sie panische Angst. Alles kommt ihr so vertraut vor. »Sicher, dass es dir gut geht? Du warst vorhin ein bisschen komisch beim Essen.« Marie gibt nach. Sie legt seine Hand zurück auf ihren Oberschenkel, führt sie sanft zu ihrem Schritt. Laurent lächelt wieder.

Sie will, dass er sie streichelt, sie schiebt seine Hand unter ihre Strumpfhose, massiert gleichzeitig sein Glied. Er bekommt einen Ständer. Es ist spät. Auf den Uferstraßen ist fast niemand unterwegs. Das helle Licht der Straßenlaternen fällt in regelmäßigen Abständen ins Auto. Nachts strahlt Paris vor Schönheit. Laurent hat sich verfahren. Das Hôtel de Ville liegt verlassen da, der weiße Stein wird von den leuchtenden Lichtreflexen der Seine angestrahlt. Sein Glied wird hart durch Maries Auf-und-ab-Bewegungen. Sie bewegt die Hand schneller. Er keucht, stöhnt, nimmt den Fuß vom Pedal. Sie bringt ihn in wenigen Minuten zum Orgasmus. Ihre Hand ist klebrig und schleimig. Sie verbirgt ihren Ekel, sucht ein Taschentuch im Handschuhfach, um sie abzuwischen. »Oh, ich glaube, du hast deine Tage, Schatz.« Er zieht die Finger aus ihrer Strumpfhose, sie sind blutverschmiert. Sie sagt, dass es nicht so schlimm ist, wahrscheinlich noch von ihrer letzten Periode. Nein, eigentlich wurde sie vor zwei Tagen vergewaltigt, ihre Scheide bis aufs Blut gebimst, während er sich in La Coupole mit seinem Mandanten den Hummer schmecken ließ.

Heute Abend wird er keinen Versuch mehr unternehmen. Marie kann unbesorgt ins Bett gehen. Sie wird die Zeit zwischen den Fingern zerrinnen lassen. Manchmal wird es sicher schwer, unerträglich sein, aber sie ist überzeugt, dass sie es schaffen kann. Morgen ist ein neuer Tag. Laurent legt sich hin, küsst sie. Schon ist er eingeschlafen.

BOIS-LE-ROI IST EINE reizende Gegend. Der Wald von Fontainebleau schirmt die Einwohner ab, bietet Zuflucht an einem unberührten, pflanzenreichen Ort der Ruhe. Die rötlichen Bruchsteine der großen Meulière-Häuser heben sich von den mächtigen Eichen am Rande der alten Anwesen ab. Weiter unten fließt die Seine vorbei. Bei starker Strömung hört man das rauschende Wasser. Hier wollen sie picknicken. In den zarten Strahlen der Herbstsonne macht sich Irène, Maries Mutter, eifrig daran, den prall gefüllten Korb auszupacken, den sie heute Morgen vorbereitet hat. Eine Unmenge an Toastbroten, die penibel nach Geschmacksrichtung sortiert sind, macht die ländliche Idylle dieses Augenblicks vollkommen.

Drei Wochen sind seit Maries Vergewaltigung vergangen. Ihre Scheide tut nicht mehr weh. Die Schmerzen ihrer Vergewaltigung sind verschwunden und mit ihnen auch die wenigen deutlichen Erinnerungen, die sich in ihr Gedächtnis eingebrannt haben. Sie hat wieder mit ihrem Mann geschlafen. Ihm ist noch immer nichts Ungewöhnliches an ihrem Verhalten aufgefallen, nur ein paar Stimmungsschwankungen, die er auf Stress und Müdigkeit geschoben hat.

Laurent baut mit seinem Schwiegervater Gérard die Angeln am Fluss auf. Heute Abend wollen sie frisch gefangenen Fisch grillen. Maries Vater, Apotheker im Ruhestand, war immer eine gütige Autoritätsperson in der Familie. Seine Gattin, die als Hausfrau fürsorglich ihre beiden Töchter großzog, hatte nicht den Wunsch geäußert, Karriere zu machen.

Die Mutterrolle genügte ihr. Marie ist noch nie auf die Idee gekommen, sie zu fragen, ob sie wirklich glücklich ist, ob ein Kind die Leere füllen kann, die sich manchmal um sie herum ausbreitet. Ihre Mutter sagt oft zu ihr: »Kinder sind das Leben. Wenn man dem Leben Leben hinzufügt, bekommt der Rest dann nicht von selbst einen Sinn?«

Marie hilft ihrer Schwester, das Baby auf der Decke zu wickeln. Es scheint seine Tante zu mögen. Sie lächelt angestrengt. »Wie läuft es in der Bank? Ich habe gehört, da ist gerade ganz schön was los?« Plötzlich schießt Marie durch den Kopf, wie traurig es ist, dass sie derart banale Fragen beantworten soll. Ist sie etwa eine so gute Schauspielerin? Wie kann es sein, dass eine so liebevolle, herzliche, aufmerksame Familie, ein Mann, der seiner Frau so nahesteht, dass keiner von ihnen eine Veränderung an ihr bemerkt? Der Champagner wird geöffnet. Die Petits Fours werden auf Porzellantellern serviert. Lächerlich dieses Glück. Marie will nach dem großen Messer greifen. Will es ihrer Mutter aus der Hand reißen und es sich mit einer verzweifelten Bewegung mitten ins Herz rammen, sich damit den ganzen Bauch aufschlitzen.

Laurent kommt zurück, in den Händen balanciert er die halbvolle Wanne mit den Fischen. Er ist zufrieden. Marie findet ihn immer hässlicher. Mit seiner Angelrute, seinem vor ständigem Glück ganz beseelten Ausdruck, seinem rundum perfekten Bilderbuchleben, sie würde ihm am liebsten ins Gesicht spucken, ihm irgendetwas tief in die Kehle stoßen. Bei diesem scheinbar makellosen Gemälde muss man auf die Details achten. Doch auf diese Idee kommt niemand. Sie alle bevorzugen die angenehme und beruhigende Oberfläche der Gefühle, glatt und weich, bloß nicht die schwarzen Flecken aufdecken, die Missstände, das Leid. Marie erinnert sich noch, wie schockiert sie war, als sie zum ersten Mal die

Originalwerke Magrittes gesehen hat, bei einem Ausflug in Brüssel zusammen mit Laurent. Schon immer hatte sie die Präzision seiner Gemälde fasziniert, die beinahe fotografische Beherrschung des Materials, seine vollkommene Kenntnis über die Gesetze der Perspektive, doch damals war sie furchtbar enttäuscht gewesen. Der Abstand des Betrachters konnte alles augenblicklich zunichtemachen. Als sie näher an ihr Lieblingsgemälde *Das Schloss in den Pyrenäen* herantrat, das einen riesigen, im Himmel schwebenden Stein zeigt, auf dessen Spitze eine kleine mittelalterliche Stadt thront, fielen ihr die ersten Mängel auf. Unregelmäßige Pinselstriche, ungenaue Kurven und Konturen, Farbrisse ... Es war so enttäuschend, so weit weg von der künstlerischen Perfektion, an die sie seit ihrer Kindheit glaubte, als sie das Werk zum ersten Mal auf dem Hochglanzpapier ihres Schulbuchs entdeckt hatte. Die Sonne beleuchtet die Szenerie. Ihre goldgelben Lichtstrahlen spiegeln sich im feuchten Rasen, verteilen sich in der Umgebung. Nur Marie ist im Dunkeln. In völliger Finsternis. Sie fühlt sich genauso unbehaglich wie damals in diesem Museum. Der Schleier über ihrer Existenz lüftet sich endlich und zerstört die Lüge des Idealismus. Sie sehnt sich nach Ruhe, um über einen Ausweg nachzudenken. Sie stoßen an. Marie will die Picknickdecke, auf der sich die Familie an Champagner und Macarons berauscht, mit einem Ruck wegziehen, sie alle wie Gläser umstoßen, das Geschirr zerbrechen, alles auf den Boden schmeißen. Sie will ihr Geschlecht nie mehr spüren. Weder den Schmerz noch die Erregung, die sie Tag für Tag zermürben. Niemand soll sie je wieder berühren.

»Na, magst du etwa keinen Champagner mehr? Und dabei wollte ich dir extra eine Freude machen, das ist deine Lieblingsmarke!« Ihr Vater nimmt sie in seine starken Arme, drückt sie ein wenig zu fest. Sie verjagt schnell ihre Erinnerungen, unterdrückt ihren inneren Drang und lächelt ihn an. Sie isst, sie trinkt, küsst ihren Mann, ihre Mutter, ihre Schwester. Sie blendet die Details aus, kaschiert die Mängel, vertreibt den Schmerz, zügelt ihre Abscheu vor der Gleichgültigkeit ihrer Lieben. Das Mittagessen ist vorbei. Sie müssen nach Hause, das Baby friert.

Sie behält ihre Verspätung am Montagmorgen bei wie ein beständiges Detail. Manche Dinge dürfen sich nicht ändern. Laurent hat seine Akte heute auf Anhieb gefunden, er wird pünktlich sein. Gestern Abend wollte er mit Marie schlafen. Sie hat sich ihm nicht verweigern können, sie gibt sich ihm völlig hin. Sie hat dieses Spiel schon vor langer Zeit verloren. Die Erinnerungen überschreiben sich allmählich in ihrem Bewusstsein. Sie stellt die Tasse in die Spüle. Ein plötzlicher Schwindel erfasst sie. Er hält nur kurz an. Sie schläft schlecht zurzeit, nimmt viele Schlaftabletten, bevor sie ins Bett geht, verbirgt es vor ihrem Mann. Vielleicht schwächen sie die schädlichen Nebenwirkungen der Tabletten mehr als sonst.

Sie fährt mit ihrem neuen Fahrrad in die Bank. Hervé freut sich, Marie zu sehen. Er zeigt ihr auf dem Handy Fotos von der Turteltaube, die er am Samstag in einer Tierhandlung am Seineufer gekauft hat. »Du hättest das Gesicht von Corinne sehen sollen, als sie gemerkt hat, dass der Käfig wieder bewohnt ist! Allein dieser Anblick hat mir das schönste Wochenende meines Lebens beschert!«

Marie geht in ihr Büro, um ihren Kundentermin um 9:30 Uhr zu empfangen. Sie stellt den Kaffee ab, fährt den Computer hoch. Ihr Magen verkrampft sich, ihr Blick stockt. Die Zeit bleibt stehen, Uringeschmack kommt ihr im Mund hoch. Ihre Vagina zieht sich zusammen, schützt sich instinktiv. Auf dem Schreibtisch liegt ihr altes Handy. Marie spürt noch, wie es damals im Auto bei ihren Füßen vibrierte. Sie sieht den Bildschirm, die Farben, hört den Rhythmus des Klingeltons, denkt daran, wie ihre Finger kurz vor der Vergewaltigung auf der Tastatur tippten. Er ist in ihrem Büro gewesen. Er hat beschlossen, wieder in ihr Leben zu treten. Langsam greift sie nach dem Handy. »Ach ja, die Assistentin des Direktors ist heute Morgen hier gewesen. Er hat dein Handy bei der letzten Konferenz gefunden, er wollte es dir zurückgeben, aber da warst du schon weg.« Er belügt die anderen auch. Sie ist nicht die Einzige. Seltsamerweise beruhigt sie diese Vorstellung, bringt sie ihm näher in der tiefen Verbundenheit ihres geteilten Geheimnisses. Sie sitzen im selben Boot, stecken vielleicht sogar in derselben Sackgasse. Nachdem sie ihr Handy geladen hat, schaltet sie es ein, liest noch einmal Laurents Nachrichten, findet sie auf einmal entsetzlich kindisch, gedankenlos, fast unanständig. Warum wollte ihr der Direktor das Handy unbedingt zurückgeben? Inzwischen gibt es keine Beweise mehr. Er hat nichts mehr zu befürchten, jetzt stünde ihre Aussage gegen seine. Keine gynäkologische Untersuchung, keine Spur von Gewalteinwirkung, sein Auto hat er bestimmt gleich am nächsten Morgen gründlich gereinigt, Marie hat ihre Sachen noch am selben Abend in den Müllcontainer geworfen. Niemand weiß etwas, es ist zu spät, die Gelegenheit ist vorbei.

Ihr Kunde hat sich verspätet. Sie lässt ihn im Flur warten. Sie muss sich übergeben. Sie eilt zur Toilette, hebt den Deckel und spuckt ihr Frühstück wieder aus. Der Schock sitzt zu tief. Alles wird immer komplizierter. Eins führt zum anderen. Doch wie immer entscheidet das Leben entgegen allen Gefühlen, dass dieser Tag einfach ohne Unterbrechung weitergeht.

EIN STRASSENABSCHNITT DES Boulevard Voltaire ist wegen eines Streiks gesperrt. Die warmen Croissants werden kalt. »Sie müssen über die Rue Richard-Lenoir gehen.« Sie würde dem Polizeibeamten gerne erwidern, dass sie in dieser Straße vergewaltigt wurde, dass sie dort nicht noch einmal vorbeigehen will, und dass er als Vertreter der Gesellschaft eine andere Lösung als Entschädigung finden muss. Sie schweigt. Die Einfahrt zum Parkplatz ist doch nicht so groß. Es war schon dunkel, aber Marie wundert sich plötzlich, dass niemand sie gesehen hat. Sie stellt sich vor, wie die Leute in dem Moment den Blick abwendeten, als sich ihr Unterleib vom Körper löste, weil sie lieber blind vor sich hinstarrten, als Zeuge dieser verstörenden Sexszene zu werden. Sie bleibt nicht stehen, geht schneller, lässt diesen Ort hinter sich, wechselt auf die andere Straßenseite. Es sind flüchtige Momente des Leidens, die die Erinnerungen hervorrufen. An den Schmerz erinnert sie sich nicht mehr.

Laurent wacht gerade erst auf. Er ist gestern Abend spät ins Bett gegangen, um seine Verteidigungsrede fertigzustellen. Der Prozess beginnt bald. Er steht auf, küsst seine Frau. »Was habe ich doch für ein Glück, so eine wunderbare Frau zu haben ... Sie bringt Croissants zum Frühstück. Ich habe dich nicht mal rausgehen hören!« Sie wollte ihn nicht aufwecken und sich womöglich seiner morgendlichen sexuellen Erregung aussetzen. Sie deckt sorgfältig den Tisch, legt die Croissants versetzt auf die große Silberplatte, die sie von ihren Eltern zur Hochzeit bekommen hat, gießt den frisch gepressten Orangensaft in die Karaffe. Laurent brät Eier und Speck. Der Geruch erfüllt die Küche. »Mach vielleicht mal kurz das Fenster auf, sonst riecht später das ganze Wohnzimmer.« Sie steht auf. Alles dreht sich. Wie oft hat sie sich in den letzten Tagen übergeben? Ihr Mann sieht sie an. »Hey, alles gut? Ist dir schlecht?« Sie stürzt hastig zur Toilette. Die Badezimmertür steht offen, sie hatte keine Zeit, sie zu schließen. Laurent betrachtet sie lächelnd durch den Türspalt. »Was gibt es da zu lachen? Wie ich auf allen vieren hocke und mich übergebe?« Ihr Mann kommt zu ihr. Marie stößt ihn weg, findet die Situation widerlich, bittet ihn, in die Küche zu gehen und das Frühstück fertig vorzubereiten. Der Bauch tut ihr weh. Sie erträgt es nicht mehr. Es ist immer diese eine Stelle, als hätte der Schmerz beschlossen, immer an dieselbe Tür zu klopfen, die Wunde aufzureißen und mit derselben Hartnäckigkeit wieder zu schließen. Marie hat nichts mehr im Magen, sie erbricht Galle. Die grünliche Flüssigkeit läuft die weißen Wände der Kloschüssel hinunter. Sie schleppt sich zurück zu Laurent. Er sitzt schon am Tisch, ein wenig beleidigt, weil ihn seine Frau so schroff abgewiesen hat. Er hat es vor ihr begriffen.

Marie setzt sich schweigend an den Tisch, ihr Blick ist noch verschwommen durch den säuerlichen Brechreiz, der ihr immer wieder hochkommt. Sie merkt, dass Laurent sie anstarrt. Sie erwidert seinen Blick, bis er wegsieht. Sie will nicht wissen, was er denkt, will diese Worte nicht aus seinem Mund hören. Wenn sie sich anhört, was er zu sagen hat, wird sie losschreien müssen, ihm Beleidigungen an den Kopf werfen, bei der ersten Gelegenheit versuchen, ihn aus dem Fenster zu stoßen oder ihm das heiße Bratfett ins Gesicht zu schleudern. »Ich bleibe heute lieber zu Hause. Ich fühle mich ein bisschen erschöpft, das war eine anstrengende Woche.« Ihr Mann hatte geplant, eine Ausstellung im Musée d'Orsay zu besuchen, in das Marie samstagmorgens gerne geht, wenn die Touristen vor Begeisterung über Paris noch nicht völlig außer sich sind. Das Licht an diesem Ort beruhigt sie; ein weicher, dunstiger Schein fällt durch das Glasdach des alten Bahnhofs und taucht die großen Marmorstatuen in ein göttliches, behagliches Licht. Alleine wird Laurent nicht hingehen, er wird für nächste Woche vorarbeiten oder seine Eltern in Melun besuchen.

Marie geht ins Schlafzimmer, um sich auszuruhen. Zufrieden kriecht sie wieder ins ungemachte Bett. Manche Tage sind es gar nicht wert, das Bett zu verlassen. Sie kann sich gut vorstellen, im Schlafanzug, versunken in der bequemen, gepolsterten Matratze, Kunden, Freunde und ihre Familie zu empfangen. Ihr wird schon wieder übel, diesmal ist es noch schlimmer. »Haben wir keine Medikamente da? Irgendetwas gegen Erbrechen?« Ihr Mann bringt ihr einen Tablettenstreifen mit kleinen roten Pillen und ein Glas Wasser. Sie würde ihm gerne das Lächeln vom Gesicht reißen, ihm die Haut abziehen, ihm jedes Gefühl von Freude nehmen. Er geht, drückt seiner Frau einen Kuss auf die Stirn, als wolle er ihr Mut machen für das, was ihr bevorsteht. Sie wird den ganzen Tag schlafen. Endlich schlafen. Einige Stunden wird sie weg sein.

MARIE HAT IHRE Schwiegermutter Jeanne noch nie besonders gemocht. Sie findet sie zu aufdringlich, weil sie Laurent immer wie einen kleinen, ungerecht behandelten Jungen in Schutz nimmt, ihr Verhalten genau beobachtet und dann zu allem und jedem ihre Meinung sagt. Marie hasst unangekündigte Besuche, ganz besonders jetzt. »Sie hat darauf bestanden, da konnte ich ja schlecht Nein sagen!« Sie hatte die freie Woche nutzen wollen, um sich auszuruhen, es sich mit einem Buch und Schokolade im Bett gemütlich zu machen. Laurent überhäuft seine immer geschwächtere Frau mit kleinen Aufmerksamkeiten. Jeanne erscheint zur Mittagszeit mit einer großen Apfeltarte. Marie denkt, dass diese Frau in ihrem Leben sicher mehr Zeit damit verbracht hat, Kuchen zu backen, als sich mit sich selbst zu beschäftigen. Sie glaubt trotzdem nicht, dass man Jeanne mit ihrer Mutter vergleichen kann, auch wenn der nicht ganz klar definierte Status einer Hausfrau, die sich um den Haushalt, die Küche, die Erziehung der Kinder und das Wohl ihres Ehemannes kümmert, auf sie beide zutrifft. Es sind lediglich unterschiedliche Stufen der Unterwerfung. Maries Mutter ist nicht so lächerlich in ihrer Rolle wie Jeanne. Aber das ist vor allem eine Charakterfrage, denn ihre Mutter legt sichtlich mehr Wert auf Eleganz und Haltung. Wo wird sich Marie in ihrem Leben als Frau einordnen? Wann wird sie in der Lage sein, vom Weg abzuweichen, den sie das Umfeld gelehrt hat?

»Schätzchen, du siehst aber müde aus! Wir gehen nach dem Mittagessen mal ein bisschen frische Luft schnappen, vielleicht trinken wir einen Tee am Jardin du Luxembourg.« Jeannes Parfüm, eine penetrante Mischung aus Weihrauch, Sandelholz und Moschus, das Marie oft auf der Straße bei Frauen reiferen Alters auffällt, erregt bei ihr erneut Übelkeit. Sie nimmt mit derselben Abneigung am Essen teil, wie sie sie auch gegen das Vaudeville-Theater hegt. Die Stimmen sind zu laut, die Bühne überfrachtet, das Lachen übertrieben. Sie braucht eine Pause von dieser Tortur. Sie verdrückt sich auf die Toilette. Die Wände sind nicht besonders dick, Marie hört, wie ihre Schwiegermutter ihrem Sohn etwas zuflüstert. Sie versteht nicht, worum es geht, sicher wieder eine Kritik an der Tiefkühl-Quiche, die sie serviert hat.

Als sie zurückkommt, ist das Gespräch verstummt. »Mir ist heute nicht so danach, spazieren zu gehen. Aber geht doch einfach ohne mich.« Jeanne betrachtet sie nachsichtig. Mustert sie eingehend von oben bis unten, zieht sie förmlich mit Blicken aus. Ihr Sohn kneift die Lippen zusammen und hebt zustimmend das Kinn. Marie isst schweigend ihr Stück Apfeltarte auf. Süße Snacks sind in letzter Zeit das Einzige, was sie bei sich behalten kann. Jeanne und Laurent beschließen zu gehen. »Wenn etwas ist, Schatz, ich habe mein Handy dabei. Ruf einfach an, dann komme ich sofort.« Sie findet diese Bemerkung lächerlich. Sie würde ihn gerne fragen, wo er bei ihrer Vergewaltigung war. Jetzt soll sie ihn wegen einer Magendarmgrippe beruhigen. Alles nur Theater. Sie küsst Jeanne zum Abschied mit derselben Distanz wie jemand, der eine ansteckende Grippe hat, entschuldigt sich für die Quiche und legt sich wieder schlafen.

Der Sonntag ist Maries Lieblingstag in Paris. Dann findet auf der Rue Mouffetard im 5. Arrondissement der große Markt statt, zu dem sie immer zusammen mit Sophia geht. Sie liebt es, stundenlang die Straße entlangzuschlendern. Sie kennt alle Händler, und sie wissen, dass sie eine treue Kundin ist. Eine kleine Bäckerei grenzt direkt an die Käse- und Fischstände. Wenn Saison ist, kauft sie auf dem Markt Wild ein. Dann bereitet Marie für die ganze Familie einen großen, dampfenden Schmortopf mit Wildschwein oder Reh zu.

Sie will schnell in ihr Kleid schlüpfen und sich mit Sophia an der Place Monge treffen, aber sie bekommt es nicht zu. Ihr Mann betritt das Zimmer und bietet ihr seine Hilfe an. »Komisch, es muss beim Waschen eingegangen sein. Oder vielleicht habe ich die letzten Tage bei meiner Mutter zu viel gegessen.« Laurent schweigt, er will seine Frau nicht mit einer unbedachten Freude bedrängen. Wenn sich Marie hinsetzt, wird ihr ehemals fließendes, luftiges Kleid aus allen Nähten platzen. Sie schminkt sich nie besonders stark. Nur ein bisschen Make-up und Lippenstift. Obwohl sie sich Mühe gibt, kann sie bei ihrer fettigen Haut nicht viel ausrichten. Ihr Gesicht ist übersät mit kleinen, geröteten Flecken, wie winzige Insektenstiche. Sie sieht furchtbar aus. Dunkle Ringe ziehen sich um ihre Augen, überschatten ihr Grün. Ihre braunen, am Vortag frisch gewaschenen Haare haben überhaupt kein Volumen mehr. Ihr Spiegelbild erschüttert sie. Wie schon die Male zuvor, als sie diese Woche das Haus verlassen hat, klebt sie sich eine Damenbinde in die Unterhose. Sie wird ihre Periode noch bekommen, nur eben ein wenig verspätet. Sie hasst das Gefühl, auszulaufen und nicht darauf vorbereitet zu sein. Laurent kommt wieder ins Zimmer, um sich von seiner Frau zu verabschieden. Er drückt ihr einen Kuss in den Nacken. Sie wendet sich ab, erträgt keine Berührungen mehr. Die kleinen Aufmerksamkeiten ihrer Familie stimmen sie traurig, lassen sie schwerer leiden als eine Krankheit. Sie spürt, dass sie nicht hinausgehen sollte, aber nach endlosen

Regentagen scheint heute wieder die Sonne, zur Mittagsstunde werden die Glocken der Kirche Saint-Médard läuten und die Gassen des alten Stadtviertels mit einer wohltuenden nostalgischen Stimmung erfüllen. Paris bewahrt seine Inspiration. Sie wird den Eindruck haben, sich nicht mehr zurückhalten zu können, mitgerissen zu werden von dieser Stadt, die sie so liebt, beruhigt und begleitet vom Wohlklang des Straßenpflasters in der Rue Mouffetard.

Zu Hause legt sie die unzähligen kleinen Päckchen auf die Küchenanrichte. Sie hat zu viel Käse gekauft, aber sie konnte einfach nicht widerstehen. Als sie sich umdreht, bemerkt sie mitten auf dem Esstisch eine rosa-weiße Verpackung. Sie tritt näher. »Ich glaube nämlich, du hast es immer noch nicht begriffen, Schatz ... Ich liebe dich so.« Laurents plötzliches Auftauchen lässt sie zusammenzucken. Sie greift nach der länglichen Packung. Es ist ein Schwangerschaftstest. Ihre Hände zittern, sie spürt einen hämmernden Druck an den Schläfen, ihre Stirn scheint sich darunter zu verformen. Kalter Schweiß läuft ihr den Hals und den Bauch hinunter. »Ich bin nicht schwanger, ich bekomme meine Periode schon noch.« Seit einer Woche wartet Marie darauf, dass sie blutet. Bei ihr setzt es immer ein paar Tage später ein, deshalb hat sie sich keine Sorgen gemacht. Marie spürt, wie die Katastrophe näher rückt. Eine Betonmauer taucht vor ihr auf, gleich wird sie dagegen prallen. Er fordert sie heraus. »Dann mach ihn doch, wenn du dir so sicher bist. Ich weiß, wovon ich spreche, du bist schließlich meine Frau, ich kenne deinen Körper doch. Ich warte hier.«

Marie schäumt vor Wut. Wie kann er es wagen, zu behaupten, er kenne ihren Körper? Er, der sie gleich am Tag nach der Vergewaltigung von neuem penetriert, ihr seine groben Finger tief in die verletzte Vagina gestopft, sie an den Haaren gepackt und ihren Kopf nach unten zu seinem Schritt gedrückt hat. Sie will nicht. Sie kann den Test nicht machen. Wenn sie sich darauf einlässt, wird sie wahnsinnig. In dieser liberalen Gesellschaft, die Bedürfnisse abhängig vom jeweiligen Aufwand wahrnimmt, sollte sie die Königin sein. Vergewaltigt, verhöhnt, gedemütigt, zurückgelassen in ihrer eigenen Scheiße, das Gesicht vom warmen Sperma ihres Vergewaltigers überströmt, hätte sie sich an die Justiz wenden können. Sie hat sich entschieden, zu schweigen. Jeden Tag weckt der vor Anerkennung kaum zu ertragende Blick ihres Mannes bei ihr mehr Übelkeit. Laurent lacht, redet, feiert, trinkt, kocht, schläft. Sie ist unfähig, die geringste Freude aufzubringen, die für die Liebe nötig ist. Marie redet sich vergeblich ein, dass die Schande, die sie empfände, wenn sie ihrem Mann die Wahrheit sagen würde, sicherlich nur ein kleines Opfer im Gegenzug für ihre Freiheit wäre, am Ende fügt sie sich doch immer der Lüge, wohl wissend, dass sie sich damit selbst täuscht und zerstört. Ist es die Angst vor dem Verlassenwerden, das sie so fürchtet, die Aufgabe ihrer emotionalen und materiellen Sicherheit, an die sie sich über die Jahre so gewöhnt hat, das Hängen an Erinnerungen vergangenen Glücks und geteilter Liebe, der krankhafte, unterbewusste Adrenalinstoß, den ihr das Geheimnis verschafft? Vielleicht sind es all diese Gründe zusammen, weshalb sie den Test jetzt nicht verweigern kann. Sie läuft nicht weg.

Marie geht durch den Flur zum Badezimmer. Sie will wieder umdrehen, aber schafft es nicht. Laurent sieht ihr hinterher, dann folgt er ihr. Sie schließt die Tür ab und öffnet die Packung, um den Beipackzettel zu lesen. Es ist nicht so kompliziert, man muss nur auf den länglichen Teststab urinieren und warten, bis die Linien erscheinen. »Und, bist du fertig? Mach auf, ich will das Ergebnis mit dir zusammen sehen!«

Unter dem Druck könnte sich Marie in der Badewanne ertränken oder die Pulsadern mit einer Rasierklinge aufschneiden. Es ist ihre Entscheidung, wie das alles enden wird. Ihre Atmung geht schneller, ihr Herzschlag sprengt ihr die Brust, ihre eisigen Beine schwanken am Rand der Toilettenschüssel. Sie steckt die Verschlusskappe auf den Test. Laurent klopft verzweifelt an die Tür. Schließlich öffnet sie und drückt ihm den Test in die Hand. Er greift danach, reißt ihn ihr mit einer derart stürmischen Begeisterung aus der Hand, wie sie sie von ihm gar nicht kennt.

Eine Linie. Sie ist nicht schwanger, sie hat es doch gewusst. Laurent ist enttäuscht. Jetzt können sie den Test in den Müll werfen und zu anderen Dingen übergehen. Das Kind wird noch warten müssen. Sie geht wieder in die Küche. Laurent hält sie am Arm zurück. »Warte mal, es ist noch nicht fertig! Da, sieh nur!« Neben der ersten Linie zeichnet sich eine zweite hellere ab. Unmöglich, vor einer Sekunde war er noch negativ. Sehr langsam, quälend langsam wird der belastende zweite Strich deutlich erkennbar, bis er vollständig erscheint und das Urteil endgültig feststeht. Zwei Linien. Schwanger. Laurent fällt seiner Frau vor Freude um den Hals. Marie weiß nicht, wie ihr geschieht. Seit Monaten bessern Bauarbeiter die Straße aus. Sie hört, wie der Presslufthammer den Beton aufbricht. Sie kippen ihr Zement über den Kopf. Die schwere Kiesmasse fällt herunter, stürzt auf sie ein, versteinert, verbrennt sie, begräbt sie unter sich. Sie erstickt fast, lächelt Laurent an, bricht in Tränen aus, krümmt sich vor Schmerzen, übergibt sich, dann lächelt sie wieder, lacht laut los, weint. Das alles ist eine einzige Farce. Sie weiß schon jetzt, dass sie es nicht ertragen wird. Für Marie besteht kein Zweifel. Das Kind ist nicht von ihrem Mann.

»Ich muss sofort meine Mutter anrufen! Sie hat es neulich

beim Mittagessen schon gesagt! Ich habe es gewusst, ich bin so unglaublich glücklich. Unser Baby! Komm, ruf deine Schwester an!« Sie stimmt ihm zu, verbirgt ihren Schmerz. Diese Schwangerschaft ist eine Schande, ein Schicksal wider die Natur. Bis zu diesem Augenblick, selbst nach ihrer Vergewaltigung, hat Marie nie wirklich das Böse um sich herum wahrgenommen. Es ist ein schwarzer Schatten, der sich in ihrem Bauch erhebt, die Nervenfasern ihrer Scheide durchstreift, ihre Eingeweide mit einem grauenvollen Gestank befällt. Sie bricht auf dem Boden zusammen. Im Wohnzimmer brüllt Laurent in den Telefonhörer. Die kühlen Fliesen lähmen ihren am Boden liegenden Körper. Ihre ersten Worte richtet sie an ihr Gewissen: »Dein Baby ist verflucht.«

»ICH WEISS NICHT, also irgendwie habe ich es geahnt. Wirklich, ich habe geahnt, dass es dieses Jahr so weit ist, ich habe es noch zu deinem Vater gesagt!« Ihre Mutter kann ihre Rührung kaum verbergen. Maries Familie ist zum Mittagessen eingeladen. Nur ihr Schwager, der gerade in London auf Geschäftsreise ist, konnte sich nicht freinehmen, um ihre Schwangerschaft zu feiern. Marie lächelt unablässig, wischt mit einer müden Handbewegung das bunte Konfetti weg, das Laurent als Dekoration auf der Tischdecke verteilt hat. Es ist grässlich. Sie fragt sich, wie sie hier gelandet ist. Dieser große Scherz, an den alle glauben, diese dumme Komödie, die vor ihrem schuldigen Blick die Gesichter ihrer geliebten Familie zum Strahlen bringt. Ihr Vater öffnet die zweite Flasche Champagner. »Auf mein Baby, das jetzt sein eigenes Baby bekommt! Ich möchte dir sagen, wie stolz deine Mutter und ich auf dich sind, auf das, was du bist, und alles, was du dir mit Laurent aufbauen wirst. Wir lieben dich und sind immer für dich da. Na ja ... mit den Nächten müsst ihr euch herumschlagen!« Gelächter bricht los; lange Klingen durchschneiden die Luft, Haie schießen durchs Wasser. Diese übertriebenen Freudenausbrüche sind unerträglich.

Maries Mutter weint sich im Arm ihrer Tochter aus, erzählt ihr von ihrer Erfahrung als Mutter. Marie will nichts hören, will sie ohrfeigen, damit sie schweigt. Sie bittet um ein bisschen Ruhe, Stille. Niemand hört zu. Es ist unmöglich. Marie soll die Babygeschenke auspacken. Das ist das Mindeste, was sie verdient, dafür, dass sie das Kind ihres Vergewaltigers austrägt. Babykleidung, zwei Schwangerschaftskleider, Kindergeschirr, zwei kleine Decken aus weicher Baumwolle, ein Kinderwagen, Spielzeug. Sie kann es noch nicht wirklich fassen. Sie ist schwanger. In einigen Wochen wird man es allmählich richtig sehen können. Ihr Bauch wird dick werden, ihr Körper seine Form verlieren, ihre Brüste werden sich mit Milch füllen, die hoffentlich so bitter ist, dass das Baby sie nicht trinken kann.

Roxane hat ein ganz besonderes Geschenk für sie. Marie reißt die Verpackung des schweren Päckchens auf, das von außen aussieht wie ein Buch. Auf dem Umschlag, den ihre Schwester selbst gestaltet hat, kleben Sticker und eine Fotocollage von Maries Kindheit. Sie wird gleich vor Schmerz zusammenbrechen. Roxane denkt, dass sie gerührt ist, blättert hinter ihrem Rücken die Seiten für sie um. Marie als Säugling im Arm ihrer Mutter auf der Entbindungsstation. Marie mit sechs Jahren beim Ponyreiten. Marie beim Skifahren mit ihrem Vater, der ihr den Schneepflug beibringt. Marie auf ihrer ersten Party im Gymnasium. Marie bei der Diplomverleihung an der École de commerce. Marie im Standesamt in Bois-le-Roi, als sie mit Laurent den Bund der Ehe schließt. Marie im Badeanzug in ihren Flitterwochen auf Bali. Marie vor ihrem ersten Arbeitstag in der Bank. Sie gibt sich geschlagen. Sie wird jetzt alles sagen, so kann es nicht weitergehen. Wo ist die Fotografie von ihrer Vergewaltigung? Wohin mit dieser letzten Erinnerung, die als einzige imstande ist, alles zu unterbrechen, alles zu beschmutzen, auf den makellosen Katalog zu speien? Diese perfekte Frau gibt es nicht mehr. Ihnen gegenüber sitzt keine Frau mehr, keine Ehefrau, keine Schwester, keine Tochter. Da sind nur noch Schmutz, Wut und Bosheit zwischen ihren Beinen. Die Erinnerungen sind verfälscht. Alles ist zerstört. »Es fehlt nur noch das Kleine.«

Das Kleine wird sie nicht leben lassen. Das kann sie nicht. Wird sie den Blick des Sprösslings ihres Vergewaltigers jeden Tag auf sich dulden? Die Grausamkeit, Laurent jeden Morgen dabei zuzusehen, wie er dem Kind, das nicht seins ist, das Fläschchen macht? Das Ungeheuer ist in ihrem Bauch.

Roxane schließt das Fotoalbum und umarmt ihre Schwester. Das Baby im Hochstuhl weint. Marie tut so, als höre sie ihren schreienden Neffen nicht. »Übe doch schon mal ein bisschen!« Roxane nimmt ihren Sohn und legt ihn ihrer Schwester behutsam in den Arm. Ein unbeschreiblicher Schmerz schießt ihr ins Kreuz. Marie hat das Gefühl, dass es sie gleich in Stücke reißt, dass sie unter der Last vor dem Sofa auseinanderbricht. Das Kind strampelt, tritt Marie mit den kleinen, kalten Füßen gegen die Brust. Seine Pupillen wandern hin und her. Es wirft den großen Kopf herum, findet keine Ruhe. Es schreit, spürt, dass irgendetwas nicht stimmt. Laurent kommt Marie zu Hilfe. Sie reicht ihm erleichtert und ein wenig beschämt das Baby. Ein leichtes Unbehagen erfasst die Familie plötzlich. Ihre Schwester lächelt mit gesenktem Blick. Ihre Mutter sieht weg. Laurent geht schon jetzt in seiner Vaterrolle auf. Er nimmt das Kind, als wäre es seins, drückt es zärtlich an sich, überschüttet es mit Zuneigung und Liebe, bedeckt es mit Küssen.

Es ist schon 3 Uhr. »Wir gönnen der zukünftigen Mama mal ein bisschen Ruhe!« Dieser Satz schrillt in ihren Ohren wie der Wecker, den man im Urlaub vergessen hat abzustellen. Gerade hat Marie mit ihrem Vater noch über ihre Verträge in der Bank gesprochen, über ihren wichtigsten Kunden, der bald eine Lebensversicherung über eine Million Euro abschließen wird, über ihre Karrierepläne im Privatbankensektor. Das war ein interessantes Thema. Für einen Augenblick hat sie den Rest fast vergessen. Wieder einmal hat das Kind alles verdorben. Sie weiß, dass es mit ihrem dicken, abstoßenden Bauch bald unmöglich sein wird, ihr Leid auch nur für eine Sekunde zu vergessen. Dazu wird es nicht kommen. Sie wird heimlich abtreiben. Es ist nur eine Frage der Organisation und Diskretion. An dem Abend, als Marie von ihrer Schwangerschaft erfuhr, hat sie im Internet nach Lösungen gesucht. In die Suchmaschine hat sie »Schwangerschaft nach Vergewaltigung« eingegeben. Eigentlich lässt es sich schnell auf den Punkt bringen, mit gerade mal drei Wörtern, aber da ist es ihr zum ersten Mal gelungen, diese Nacht in konkrete Worte zu fassen. Frankreich ist ein soziales, tolerantes Land. Schwangerschaftsabbrüche sind seit 1975 durch das Gesetz *Loi Veil* zugelassen. Vor der zwölften Schwangerschaftswoche kann jede Frau, wenn sie möchte, abtreiben, ganz gleich aus welchem Beweggrund. Marie wird einen Arzt aufsuchen und ihm ihre Situation erklären. Er unterliegt der ärztlichen Schweigepflicht, niemand wird davon erfahren. Sie wird das letzte Medikament, das die Ausstoßung des Fötus einleitet, am Abend vor dem Schlafengehen nehmen. Sie wird sich darauf gefasst machen, alleine und im Stillen einige Stunden zu leiden. Am Morgen wird alles vorbei sein. Eine Fehlgeburt. Das kommt in den ersten Monaten oft vor. Das blutbefleckte Laken wird glaubwürdiger Zeuge des Unglücks sein. Laurent wird einige Tage trauern. Sie werden wieder miteinander schlafen, und dieses Mal wird sie mit seinem Kind schwanger sein.

Nur wenige trauen sich, im Winter mit dem Fahrrad zu fahren. Laurent möchte, dass sich seine Frau vor der Kälte schützt, schimpft sie liebevoll, dass sie kein Risiko eingehen soll, bindet ihr den Schal um den Hals, bevor sie zur Arbeit geht. Das Glatteis, die Pariser Raser am Morgen, er macht sich Sorgen um sie. Marie muss ihn ständig beruhigen. Dabei wünscht sie sich das Schlimmste herbei. Von einem Lastwagen überfahren zu werden oder unter ein Auto zu geraten, ist das Beste, was ihr passieren könnte. Dann wäre der Bauch endlich leer. »Heute Abend hole ich dich mit dem Auto von der Bank ab. Wir treffen uns um sieben mit Paul in der Praxis. Ich kann's kaum erwarten! Die erste Ultraschalluntersuchung, vielleicht kann man schon was sehen ...« Ihr Mann tut ihr leid. Er küsst sie und geht ins Büro. Er vergisst seine Akte auf dem Fensterbrett. Marie sieht sie, sagt nichts, beginnt Gefallen an seinem Unglück zu finden. Laurent hat darauf bestanden, dass Paul ihre Schwangerschaft von Anfang an betreut. Ein weiterer Schlag für Marie. So wird sich alles nur schwer umsetzen lassen, er wird jeden ihrer Versuche bemerken, sie wird sich ihm nicht wie eine normale Patientin anvertrauen können. Er ist der Mann ihrer besten Freundin, und nicht einmal ihr kann sie die Wahrheit sagen. Der Ausweg wird enger.

Auf dem Weg zur Arbeit vibriert ihr Handy. Laurent will wissen, ob sie gut angekommen ist. Sie wird erst in einer halben Stunde antworten, so lange warten, bis er sich Sorgen macht. Noch nie hat ihr Handy so oft geklingelt: Sophia informiert sie, dass sie heute Abend bei ihrem ersten Termin mit Paul dabei sein wird, ihre Schwester will sich morgen mit ihr zum Mittagessen treffen, ihre Mutter wird ein leckeres Ragout kochen, wenn sie am Sonntag zu Besuch kommen, Laurent ist besorgt, weil sie beim Frühstück so wenig gegessen hat. Es nimmt einfach kein Ende.

Heute Morgen ist Hervé noch verzweifelter als sonst. Seine Frau hat gestern Abend versucht, die Turteltaube zu vergiften. Er hat die aufgerissene Packung Rattengift in der Schublade unter der Spüle gesehen. Marie hat ihre Zweifel, was die wahren Absichten seiner Frau angeht. Vielleicht wollte sie ihn umbringen und nicht den Vogel? Aber sie schweigt, behält es lieber für sich. Der Tag geht weiter. Ihre Arbeit ist jetzt zu einem Zeitvertreib geworden, einem Hobby, das ihren gequälten Geist beschäftigt, während sie auf die Fortsetzung des Dramas wartet.

Um 18:30 Uhr ruft Laurent an. Er wartet draußen im Auto auf sie. Marie verlässt eilig die Bank. Das Auto steht ungünstig. Mitten auf der Straße, Lichter blinken auf, Hupen werden gedrückt, Beleidigungen geschrien. Laurent ruft ihr aus dem Fenster zu, dass sie sich beeilen soll. In der Hektik prallt sie gegen einen Kinderwagen. Das Baby schreit. »Geht's noch? Sie verfluchte Irre, schauen Sie doch, wo Sie hinlaufen! Sie hätten ihn fast umgebracht!« Dieser letzte Satz hallt lange nach. Sie würde das Kind gerne nehmen, seiner Mutter entreißen und es so lange auf den Boden schmettern, bis seine Hirnmasse aus dem Schädel platzt. Zuschlagen und wieder zuschlagen, so fest, bis es im Asphalt begraben ist. Sie entschuldigt sich und rennt weiter zum Auto. Sie steht noch unter Schock, küsst ihren Mann nicht, bittet ihn nur, schnell loszufahren.

»Da ist ja die zukünftige Mama! Meine Liebe!« Sophia übertreibt immer. Sie stürzt sich förmlich auf Marie, küsst sie überschwänglich, zieht sie zu sich heran, drückt sie an sich. Marie stellt fest, dass sie zudringliche Menschen nicht mag. Menschen, die andere wie beiläufig an Händen, Schultern, Oberschenkeln berühren, als würden sie es gar nicht merken. Der Geruch nach Desinfektionsmittel im Flur widert sie an. Pauls Praxis ist in einem Seitentrakt des Hôpital de la Salpêtrière in der Abteilung für Gynäkologie und Geburtshilfe untergebracht. Paul ist etwas älter als Laurent. Sie haben sich über Sophia kennengelernt, die schon von Kindheit an mit Marie befreundet ist. Es war regelrechte Freundschaft auf den ersten Blick, wahre Freunde, immer füreinander da. Marie erinnert sich noch an die Geburt von Pauls und Sophias Kind. Sie und Laurent sind mit Geschenken und Pralinen beladen in die Entbindungsstation gekommen, sind die Gänge entlanggerannt, um das Baby nicht als Letzte zu sehen. Jetzt sind die anderen dran. Marie malt sich das Schlimmste aus, ist geradezu taub vor Angst und unbegründeter Furcht. Was, wenn die Ultraschalluntersuchung die Vergewaltigung zeigt? Wenn der Fötus nicht Laurents Gesicht hat, dieselbe Gestalt, dieselbe Art, sich zu bewegen und zu lächeln? Wenn Paul bei der Untersuchung Spuren ihres Missbrauchs entdeckt? Sie denkt, dass einem so renommierten Gynäkologen, der schon oft Vergewaltigungsopfer einige Tage nach dem Missbrauch gesehen hat, nicht entgehen kann, was ihr passiert ist. Der Körper einer Frau spricht, verrät die Gewalt, die er erlitten hat. Plötzlich bereut sie ihre Achtlosigkeit. Paul wird sofort alles merken, aufblicken und die anderen nach draußen schicken, um sie zur Rede zu stellen.

»Los, meine Kleine! Auf den Stuhl mit dir! Wollen wir mal sehen, ob der Papa gut gearbeitet hat! Wenn es ein Junge ist, hoffe ich nur, dass er nicht das Aussehen seines Vaters erbt!« Alle brechen in Gelächter aus. Die Stimmung ist locker, entspannt. Marie treibt mittendrin. Umringt und allein, begleitet und verlassen von allen. Vielleicht ist gerade jetzt ja doch der richtige Zeitpunkt, dass alle die Wahrheit erfahren. Marie entkleidet sich hinter dem kleinen Wandschirm. Sie tritt verschämt hervor, macht ein paar zögerliche Schritte auf Paul zu und zieht den Saum ihres Pullovers nach unten. Laurent ist von der Scham seiner Frau gerührt. Marie nimmt auf dem Untersuchungsstuhl Platz. Ihre Beine zittern in den Stützen.

»Ich mache jetzt den Ultraschall. Keine Sorge, das ist nicht schmerzhaft.« Sie fühlt sich wie ein Tier. Eine fette Kuh, deren Vagina vor drei lüsternen Fremden untersucht wird. Paul führt das Spekulum ein. Das kalte Utensil gleitet hinein, drückt gegen ihre Scheidenwände, dann spreizt es sie unangenehm, bevor Paul es langsam wieder herauszieht. Sie hält den Atem an. Paul wirkt irritiert. Sein Gesicht wird ausdruckslos. Sie ahnt, dass gleich alles enthüllt wird, ist fast erleichtert, dass die Wahrheit endlich vor ihren dummen Gesichtern ans Licht kommt, dass dieses Theater ein Ende hat.

Die Ultraschalluntersuchung beginnt. Paul nimmt einen länglichen, vorne abgerundeten Plastikstab, der mit einer klebrigen Flüssigkeit beschmiert ist, und führt ihn langsam in sie ein, während er den großen Bildschirm gegenüber im Blick behält. Er tippt konzentriert und ernst auf der Tastatur herum. Plötzlich entspannt ein breites Lächeln seine Gesichtsmuskeln. »Schau, da ist es. Der Fötus ist noch winzig klein, aber in einigen Wochen kannst du schon mehr erkennen.« Marie will nicht hinsehen. Paul glaubt, dass sie den Bildschirm für die Patientinnen an der rechten Wand nicht bemerkt hat. Er deutet mit dem Finger darauf, ist kurz davor, ihren Kopf in die Richtung zu drehen. »Hier, schau. Schau, da ist es.« Sie erkennt einen großen hellen Schein, in dem Paul auf etwas zeigt, das aussieht wie ein kleines schwarzes Gerinnsel. Laurent stellt sich neben seine Frau. Er weint. Paul tröstet ihn mit einem männlichen Schulterklopfen. Marie wendet den Blick vom Bildschirm ab. Noch weist der Fötus keine menschlichen Merkmale auf: keinen Kopf, keine Füße, kein Geschlecht. Aber bald wird er erscheinen, Gestalt annehmen. Arztbesuche wie diesen wird es jeden Monat geben.

Marie erhebt sich mühsam vom Stuhl, um sich wieder anzuziehen. Hinter dem Wandschirm hört sie Sophias vergnügtes Geschrei: »Heute Abend geht der Champagner auf mich! Der erste Ultraschall!« Schon wieder ein Vergewaltigungsfest. Marie kann sich nicht entsinnen, dass sie bei der Geburt ihres Neffen oder bei Sophias Kind so begeistert war. Es ist, als wüssten alle von ihrem Missbrauch und wollten ihr die Lüge heimzahlen, indem sie sich noch mehr über ihre Schwangerschaft freuen; einfach aus Rache.

»Allerdings hast du einen leichten Scheidenpilz, der behandelt werden muss. Ansonsten ist aber alles vollkommen normal. Wir werden alle ein bis zwei Monate eine Kontrolluntersuchung machen.« Ein dämlicher Scheidenpilz. Deshalb hat Paul also die Stirn gerunzelt. Er druckt das Ultraschallbild als Erinnerung aus. Laurent will es einrahmen. Die echten Beweise aber sind vollständig verschwunden, der Fall wird zu den Akten gelegt. Nur das Kind ihres Vergewaltigers bleibt noch, um Marie zu trösten.

»Auf das Leben! Auf das Kind meiner besten Freundin! Auf die Frau, die du geworden bist, die ich seit fünfzehn Jahren Tag für Tag liebe und bewundere!« Alle heben die Champagnergläser. Marie lächelt mit einem Glas Coca-Cola in der Hand. Wenn Sophia die Wahrheit wüsste, würde sie Marie sicher nicht so sehr bewundern. Laurent küsst seine Frau. Die Gäste im La Rotonde gratulieren der jungen Mama. Nächste Woche wollen sie anfangen, das Kinderzimmer in der Wohnung einzurichten. Laurents und Maries altes Büro wird es nicht mehr geben. Sie müssen Platz für das Baby schaffen. Neben ihrer Zeit und ihrem Körper wird Marie auch noch ihren Raum opfern müssen, damit für seine Ankunft alles bis ins kleinste Detail vorbereitet ist. Es ist ein bisschen, als würde sie eine Überraschungsgeburtstagsparty für ihren Direktor planen. Die Einrichtung des Restaurants ist prunkvoll. Am meisten liebt Marie an Paris die alten Brasserien, das Flair der Belle Époque, die Eleganz der flinken Kellner, die sich zwischen den Tischen hindurchbewegen, ihren Pariser Akzent und ihr mürrisches Aussehen, die einfachen und köstlichen französischen Gerichte, die immer auf Tellern mit dem Namen der Brasserie serviert werden. All die Orte, die sie vor ihrer Vergewaltigung so gerne besucht hat, lassen sie jetzt wünschen, sie wäre tot. Sie hört dem Gespräch nicht mehr zu, bekommt flüchtig mit, dass es um die Tapete für das Kinderzimmer geht.

»Entenbrust mit Steinpilzen und Kartoffelpüree für die Dame.« Laurent fragt sie, ob er probieren darf. Sie kann Leute nicht ausstehen, die die Gerichte anderer probieren, einen Bissen tauschen wollen, um zu vergleichen, und schließlich denken, dass das Gericht des anderen besser schmeckt als ihres.

»Bei meinem Ersten ist alles reibungslos über die Bühne gegangen. Nur mein Mann hatte Probleme, sich auf den Beinen zu halten.« Die gutbürgerliche Gesellschaft am Nachbartisch beteiligt sich jetzt an der Unterhaltung. Alle geben ihre Meinung zum Besten, erzählen ein bisschen von ihrer persönlichen Erfahrung. Niemand bemerkt, wie still sie ist. Der Vorhang geht auf. Jeder spielt seine Rolle in dieser absurden Komödie. Laurent ist betrunken. Er verkündet lauthals, wie glücklich er ist, bald Vater zu werden, legt die Hand auf den Bauch seiner Frau. Alle sind gerührt von diesem natürlichen Glück.

Nach dem Essen bezahlt Paul die Rechnung. Sophia hilft Marie aufzustehen, stützt sie so behutsam, als wäre sie plötzlich querschnittsgelähmt. Der Boulevard du Montparnasse ist immer sehr belebt. Die Autos rasen in einem wahnsinnigen Tempo auf der breiten, beleuchteten Straße vorbei. Sie wollen ein Taxi nach Hause nehmen. Ein Lastwagen ist jeden Moment auf ihrer Höhe. Er fährt schnell. Er kann Marie töten, sie auf der Stelle überfahren. Nur drei Schritte, dann kann sie sich auf die Straße werfen und ihr Martyrium hier und jetzt beenden. Sie geht vorwärts, entwischt. Setzt den ersten Fuß auf die Straße. Jemand hält sie am Arm zurück. »Was machst du denn, Liebling? Der Taxistand ist doch auf dieser Seite. Du bist müde, Zeit, nach Hause zu gehen.« Marie ist verloren, verlassen. Sie begegnet dem Blick einer alten Dame, die den Zebrastreifen überquert und auf den Eingang eines Restaurants zugeht. Plötzlich fühlt sie sich verstanden. Sie hat denselben Blick wie sie. Sie wurde auch vergewaltigt, da ist sich Marie sicher. Es ist ein gegenseitiges Verständnis, ein Zuruf zwischen zwei Frauen, die sich in der anderen wiedererkennen. Marie löst sich von Laurent, um mit ihr zu sprechen, sie behauptet, dass sie eine ihrer Stammkundinnen ist. Laurent ist verdutzt, er unterhält sich noch kurz vor dem Taxi mit Paul und Sophia und lässt seine Frau dabei nicht aus den Augen. Sie rennt, um die alte Dame einzuholen, hält sie an der Hand fest. Ihr verzweifelter Blick trifft ihren. »Sie wissen es. Ich kann es sehen, Sie wissen, was ich habe, was mir passiert ist.« Die Frau mustert sie einen Moment lang. Ihr Gesichtsausdruck verändert sich. Sie versteht sie nicht, fragt, ob sie sich kennen, ob sie ein Problem hat und ihre Hilfe braucht. Marie lässt sofort die Hand los. Es war ein Fehler. Sie hat sich in der Person geirrt, nur eine Verwechslung, eine Täuschung. Sie entschuldigt sich, tief getroffen von ihrem Wahn, der gerade vor aller Augen sichtbar wird.

Sie geht zurück zu Laurent. »Alles in Ordnung? Ich wusste gar nicht, dass du außerhalb der Arbeit mit Kunden sprichst.« Sie steigen ins Taxi. Sie war sich so sicher bei diesem Zusammentreffen. Sie ist bitter enttäuscht. Vielleicht wird sich in ihrem Leben nie wieder eine solche Gelegenheit ergeben. Laurent betrachtet seine Frau. Seine Cognacfahne stinkt im ganzen Auto. Marie beobachtet durch das Fenster die Fußgänger. Wer kann ihren Albtraum verstehen? Wer wird da sein, ihr helfen und sie aus dieser Sackgasse herausholen? Die Antwort hinterlässt einen tiefen Schnitt in ihrem Bauch. Es ist offensichtlich. Sie ist allein. Sie wird die ganze Zeit allein sein, wird unermüdlich und hilflos gegen ihr Kind kämpfen. Wenn sie zum Handeln gezwungen ist, wird sie nur noch auf ihren Instinkt vertrauen. Endlich packt sie die Wut, auf die sie schon so lange wartet. Ihr Mann ist eingeschlafen, das Gesicht gegen die Scheibe gedrückt. Der Taxifahrer schweigt. Über die unbeschwerte orientalische Musik erhebt sich ein dünnes Flüstern: »Man lässt mir keine Wahl. Man lässt mir keine Wahl. Man lässt mir keine Wahl …«

MARIES MUTTER BEGRÜSST sie wie immer auf der Treppe vor dem Haus. Mit gefalteten Händen, weichem, mütterlichem Blick, freudestrahlend, weil sie den Tag mit der Familie verbringen wird. Roxane und ihr Mann werden auch jeden Moment kommen. Marie ist im fünften Monat. Ihr Bauch ist sehr rund geworden. Laurent steigt aus dem Auto, um seiner Frau zu helfen. Sie trägt das Schwangerschaftskleid, das ihre Schwester ihr geschenkt hat. Ihre eigene Kleidung passt ihr seit einigen Tagen nicht mehr. »Was für eine Schönheit! Du siehst fantastisch aus.« Das stimmt natürlich nicht. Marie hat stark zugenommen. Sie hockt den ganzen Tag am Schreibtisch und schlägt sich den Bauch mit Chips und Bonbons voll. Wenn sie abends nach Hause kommt, macht sie sich gerne große Nutella-Sandwiches, Kartoffelsalate mit Essiggurken oder backt Oliven-Cakes, die sie dann, mit ihrem Fett aufs Sofa gelümmelt, alleine aufisst. Laurent macht sich wegen ihres Heißhungers keine Sorgen und findet es nur natürlich, dass eine schwangere Frau mehr isst. Paul hat das bestätigt. Marie und Laurent besuchen jeden letzten Freitag im Monat die Praxis. Sie ist nie allein. Durch die fehlende Intimsphäre hatte sie nie Gelegenheit, mit Paul zu sprechen oder ihm einen Hinweis auf ihre verzweifelte Lage zu geben. Sie sitzt endgültig in der Klemme.

Das Haus ist sehr groß, es hat drei Stockwerke. Roxane kommt mit ihrem Mann, der dem Baby gerade das Fläschchen gibt, ins Wohnzimmer. Er beglückwünscht Marie herzlich, nimmt sie in den Arm. Julien ist ein guter Familienvater, ein liebender, großzügiger, intelligenter, aufmerksamer, geselliger und gebildeter Ehemann mit einer interessanten Stelle als Projektleiter in einem Architektenbüro. Er gehört zu diesen Menschen ohne erkennbare Makel, ohne Probleme, die das große Ganze aus dem Gleichgewicht bringen könnten. Sie sind Erbauer, Biber, die Tag für Tag das Fundament legen, die Basis für den Unterbau ihrer Existenz. Marie war früher auch so. Jetzt würde sie am liebsten alles mit einer Handbewegung zerstören.

Sie setzen sich zu Tisch. Ihre Mutter hat Jakobsmuscheln mit Sahnesoße gekocht, das Lieblingsgericht ihres Mannes. Sie trägt die große, dampfende Platte zum Tisch. »Wir haben dich gestern Abend im Fernsehen gesehen! Dein Mann ist berühmt. Vielleicht wird euer Kind ja auch mal Anwalt!« Gestern Abend wurde auf einem öffentlich-rechtlichen Sender eine Reportage über den Fall Lancarde ausgestrahlt. Laurent hat den Journalisten für die Reportage ein Interview gegeben. Er ist verlegen, aber glücklich, ein bisschen Eindruck auf Maries Familie zu machen. »Und du, mein Schatz! Kommst du noch zurecht im Büro? Laurent hat uns erzählt, dass du letzte Woche krank warst. Geht's dir wieder besser?«

Letzte Woche hat die Quartalskonferenz stattgefunden, wieder unter der Leitung des Generaldirektors, ihres Vergewaltigers. Marie hatte gezögert, als ihre Kollegin sie am Vortag daran erinnerte. Sie hatte schon länger darüber nachgedacht, hatte sich nächtelang verschiedene Szenarien dieses Zusammentreffens ausgemalt. Sollte sie sich ihrem Peiniger stellen oder ihn lieber meiden?

Sie entschied sich für Letzteres. Vor allem aus Angst. Scham empfand sie auch, aber die war nicht so lähmend wie die Furcht, ein zweites Mal Opfer zu werden. Selbst wenn dreihundert Personen im Saal gewesen wären, hätte Marie immer noch die irrationale Angst geplagt, von diesem Mann vor allen Anwesenden vergewaltigt zu werden. Sie hat die Geschäftsleitung der Bank noch nicht offiziell über ihren Mutterschaftsurlaub informiert. Es ist wahrscheinlich, dass ihr Direktor nichts von der Schwangerschaft weiß. Wie wird er reagieren, wenn er es erfährt? Sie weiß es nicht, es ist besser, noch zu warten.

Den Nachtisch essen sie im Wintergarten. Das weiße Tageslicht fällt grell auf die Veranda. Marie schlingt die Mousse au chocolat, die ihre Mutter gemacht hat, hinunter. Champagner darf sie keinen trinken, nur ein kleines Glas süßen Cidre. Seltsamerweise befolgt sie Pauls Anweisungen: keinen Alkohol trinken, jeden Morgen ein paar Übungen machen, zu geregelten Zeiten schlafen gehen, viel Wasser trinken, den Körper mit kleinen Massagen entspannen. Eine regelrechte Therapie, eine unsagbare Heuchelei. Sie will dieses Baby nicht. Die Übelkeit, die ständige Müdigkeit, der Durchfall, das Sodbrennen, die Cellulite, die ihren ehemals glatten und straffen Körper entstellt, die stinkenden Schweißausbrüche, die die Bettwäsche durchtränken, ihre fettige Haut, die dauernd mit roten Flecken übersät ist, ihre glanzlosen Haare, ihr Hundeatem. Es ist eine unnötige Qual, wie sie auch Schwangere in den Tagen vor der Abtreibung hinnehmen müssen. Ihr Körper verändert sich schon, aber ihr Geist bleibt derselbe. Sie empfinden nicht die geringste Freude dabei, das Kind in sich wachsen zu spüren, sie wissen bereits, dass es nie leben wird. Marie hat heute Morgen vergessen, ihren Blutdruck zu messen. Paul will, dass sie das zweimal im Monat macht, nur zur Vorsorge, nachdem ihr Blutdruck letzte Woche leicht gesunken ist. Marie muss das Messgerät im ersten Stock holen. »Nein, ich hole es schon, Schatz. Bleib sitzen!« Marie wird wütend. Sie ist kein Kind mehr, sie ist es leid, wie eine Hilfsbedürftige behandelt zu werden. Laurent gibt nach und bittet sie, beim Treppensteigen zu verschnaufen.

Aus Wehmut hat Maries Mutter das Zimmer der Mädchen nach ihrem Auszug nicht angerührt. Alles ist an seinem Platz geblieben, wie ein Museum voller Erinnerungen: Ein großes, teilweise schon vergilbtes Pferdeposter klebt noch über ihrem Bett, Urlaubsfotos mit ihren Eltern und ihrer Schwester, Kinderzeichnungen, die ihre Mutter ordentlich eingerahmt hat, die kleine Nachttischlampe, die sie in einem Ferienlager selbst gebaut hat, der alte Schreibtisch aus Eichenholz, den ihr Vater auf dem Flohmarkt in Saint-Ouen aufgestöbert und auf dem sie sich für alle Prüfungen vorbereitet hat. Ihr Anblick im Spiegel des großen Kleiderschranks gibt ihr den Rest. Vor einigen Tagen hat sie alle Spiegel in ihrer Wohnung abgehängt, um ihr Aussehen nicht länger ertragen zu müssen. Voller Bitterkeit mustert sie ihren Körper. Ihre schweren Brüste widern sie an, ihr dicker Bauch, ihre breiten Oberschenkel, ihre trockenen Hände. Wann hat sie aufgehört, ein kleines Mädchen zu sein, und ist zur Frau geworden? Sie erinnert sich noch sehr gut an ihre erste Periode und die schreckliche Angst, als ihre Mutter ihr erklärte, dass sie durch die Scheide Blut verlieren würde. Sie war zwölf Jahre alt. Es passierte im Mathematikunterricht. Da hatte sie zum ersten Mal Unterleibsschmerzen, spürte zum ersten Mal, dass ihre Unterhose nass war, sah zum ersten Mal, wie ein langer, dünner Blutfaden zwischen ihren Beinen in die Toilettenschüssel rann. Sie weiß noch, dass sie das Klopapier nach dem Abwischen vors Gesicht gehalten hatte, um die roten Flecken, die kleinen, schwarzen, verlaufenden Gerinnsel darauf zu betrachten, dass sie mit den Fingern ihre Scheide berührt hatte, um das warme, klebrige Blut zu befühlen, dass sie zum ersten Mal den durchdringenden Eisengeruch auf der Toilette wahrgenommen hatte. Sie hatte tagelang gewartet, bevor sie es ihrer Mutter sagte, und die Blutspuren auf der Hose im Badezimmer heimlich mit der Hand ausgewaschen. Sie hat sich geschämt. Die Scham, die jede Frau von Anfang bis Ende ihres Lebens nicht loslässt. Immer ist es dieselbe. Die Scham vor dem Körper, der nicht perfekt, nicht rein ist, der von der allgemeinen Moral missbilligt wird. Der Körper, der leidet, stöhnt, sich krümmt, blutet, sich verändert, heranreift, zunimmt und abnimmt, das ganze Leben lang penetriert, geschwängert, geöffnet, ausgenommen, wieder geschlossen wird, je nach Prüfung anschwillt oder abschwillt, und um ihn ruhigzustellen, mit Paracetamol und Ibuprofen vollgestopft wird. Marie weiß, dass die unbeschwerte Zeit ihrer Kindheit, von der sie jetzt träumt, vergangen ist. Die Stimme der Unschuld ist verstummt. Sie sucht in ihrer Handtasche nach dem Blutdruckmessgerät, das ihr Paul gegeben hat. Ein plötzlicher Schwindel erfasst sie, nur kurz, aber so heftig, dass sie nicht mehr stehen kann. Nachdem sie sich eine Weile auf dem Bett ausgeruht hat, will sie wieder hinunter ins Wohnzimmer zu ihrer Familie gehen. Die hohen Treppenstufen kommen ihr unüberwindbar vor. Langsam setzt sie einen Fuß nach dem anderen auf das mit Teppich verkleidete Holz. Sie klammert sich mit den Händen am Geländer fest, aber rutscht langsam ab. Sie weiß, dass sie nicht dagegen ankämpfen oder um Hilfe schreien wird. Ihr Kopf ist schwer, die Schwindelanfälle werden immer stärker und kommen in kürzeren Abständen, ihr Verstand setzt aus. Sie lässt sich nach vorne in die unendliche Spirale fallen und prallt unten am Treppenende auf. Sie ist bei Bewusstsein. Marie hätte sich einfach aufsetzen oder einen Moment warten und dann ihren Mann rufen können. Die ganze Familie kommt in den Flur gerannt. Maries Körper liegt verrenkt da, alle viere von sich gestreckt. Blut tropft von ihrer Stirn, sie hat sich das Bein beim Sturz ausgerenkt. »Wir müssen einen Krankenwagen rufen! Los, schnell!« Sie wollen sie retten. Darum hat sie doch gar nicht gebeten. Alles, worum Marie seit Monaten bettelt, ist Ruhe. Endlich kommt sie ihrem Ziel näher, sie kann keine Laute mehr unterscheiden, aber ein schmales Bewusstsein für das, was um sie herum geschieht, bleibt. Ihr Mann will sie hochheben und zum Wohnzimmersofa tragen. Roxane schreit ihn an. Sie darf auf keinen Fall bewegt werden, bevor man weiß, was passiert ist, eine innere Blutung, und es ist vorbei. Sie streiten, Laurent brüllt. Er hat Angst um seine Frau. Er hat Angst um das Baby. Sie müssen das Kind retten.

MARIE HÄTTE AM liebsten nie wieder die Augen geöffnet. Das Gesicht ihrer Mutter erscheint immer deutlicher. Sie streicht ihr sanft über die Haare, sagt, sie solle sich Zeit lassen, nichts überstürzen: »Mach dir keine Sorgen, mein Schatz. Jetzt ist alles gut, nur ein gebrochenes Bein und eine Schnittwunde am Kopf. Dem Baby geht es gut, es ist bei bester Gesundheit. Es ist überstanden.« Es lebt noch. Dieses Kind klammert sich fest, überlebt beinahe seine Mutter, beschmutzt noch jede Faser ihres Bauchs, entwickelt sich stolz weiter, während sie in diesem Krankenhaus vor Kummer und Schmerz vergeht.

Laurent kommt ins Zimmer, murmelt etwas, stürzt zu Marie und küsst sie. Er stinkt nach Alkohol. »Ich hatte solche Angst! Als ich dich da auf dem Boden sah, habe ich gedacht, ich sterbe ... Dem Baby geht es gut, es ist eine richtige Kämpfernatur, es weiß sich zu wehren!«

Marie will aufstehen, aber ein heftiger Schmerz fährt ihr ins Bein. Ein blauer Gips fixiert einen Teil ihrer rechten Wade. Ihr ganzer Körper ist ruhiggestellt, gegen dieses harte Bett gedrückt. Sie spürt weder die Matratze, die sie stützt, noch die Decke, die sie umhüllt. Sie ist eine lebende Tote.

Paul kommt herein, er hat sein schönstes Lächeln aufgesetzt. Er bringt gute Nachrichten für ihre Schwangerschaft, zeigt ihr das Ultraschallbild, das er am Vortag gemacht hat, ein Röntgenbild ihres Beins, die Blutwerte. Marie fragt sich, ob es in Fällen wie ihrem keine medizinische Prioritätenordnung gibt. Sie ist in Frankreich, ein zivilisiertes, Schutz bietendes Land, das die Rechte der Frau und ihre Sicherheit garantiert. Kein einziges Mal hat man sie seit ihrer Vergewaltigung und Schwangerschaft gefragt, ob sie das Kind behalten will. Diese Frage sollte man jeder Frau bei der ersten gynäkologischen Untersuchung mindestens einmal stellen. Eine harmonische Ehe ist nie ein ausreichender Beleg für aufrichtiges Glück oder einen tatsächlichen Kinderwunsch. Die Frau kann unter fremdem Einfluss stehen: eine geschlagene, vergewaltigte, ein oder mehrere Male missbrauchte, seelisch oder körperlich verletzte Ehefrau. Man weiß nie, was wirklich im Innern einer Frau vor sich geht. Auch jetzt, nachdem sie die Treppe hinuntergestürzt ist, gelten die ersten Neuigkeiten, die Marie erfährt, ihrem ungeborenen Kind, nicht ihr selbst. Sie verkörpert nur noch einen Bauch. Das Kind bleibt weiterhin Priorität, wird fast wie ein Heiliger verehrt. »Du bleibst noch zwei Tage hier, damit wir sichergehen können, dass alles gut verläuft. Manchmal besteht das Risiko einer Plazentaablösung, deshalb sollte man besser vorsichtig sein. Gleich wird der Arzt, der dein Bein operiert hat, nach dir sehen. Für den Augenblick bleibt nur Ruhe, Ruhe und nochmals Ruhe!«

Sie wird nicht mehr in der Bank arbeiten können. Man verdammt sie dazu, im Bett zu bleiben, um den ganzen Tag zu überwachen, wie ihr Bauch dicker wird, um zu spüren, wie sich das Kind in ihr bewegt und gefahrlos heranwächst. Nichts wird sie mehr von diesem Drama ablenken können. Paul will, dass Marie sich ausruht. Sie soll wieder zu Kräften kommen. Ihre Mutter und Laurent küssen sie. Roxane und ihr Vater sind draußen geblieben, damit sie langsam wieder zu sich kommen kann. Alle verlassen das Zimmer. Endlich tritt die Stille ein, auf die sie gewartet hat. Das große Glasfenster neben ihrem Bett ist einen Spaltbreit geöffnet, lässt einen sanften, kühlen Luftzug herein, der ihr über das Gesicht streicht. Die Fenster lassen sich nur zu einem Viertel öffnen. Sie hört das Zittern der Blätter unter dem grauen Himmel, das Geschrei der Kinder, das schallende Lachen der Krankenschwestern auf dem Gang. Das Klingeln ihres Handys. Sie wendet sich ab, greift nach ihrer Tasche. Die Infusion schmerzt, sie hasst es, bei jeder Bewegung zu spüren, dass sie an dieser Nadel festhängt. Sie hat eine Nachricht bekommen: »Wie ich sehe, hattest du nicht den Mut, es zurückzuweisen. Wie an dem schönen gemeinsamen Abend in meinem Auto. Mach weiter so, sei still, vernünftig, und alles wendet sich zum Guten.« Er weiß Bescheid. Er ist stolz auf sie, auf ihre Entschlossenheit, das Geheimnis für sich zu behalten. Marie lässt das Handy fallen. Eine unfassbare Wut rüttelt sie auf, schnürt ihr den Bauch zu. Ihr Atem geht schneller. Er fordert sie mit der Nachricht heraus, spricht von »Mut«, als wäre das der letzte Triumph seiner Tat.

Marie durchwühlt ihre Handtasche, sucht das Taschenmesser, das sie nach ihrer Vergewaltigung gekauft hat, um sich zu schützen. Endlich kann sie es gebrauchen. All die Stunden, die sie vor dem Spiegel geübt hat, es so schnell wie möglich aus dem Mantel zu ziehen und ihren Angreifer damit zu treffen. Sie packt es und schiebt es unter die Decke. Sie zieht die Unterhose aus und führt sich die Klinge langsam zwischen die Oberschenkel. Sie wird das Baby töten, den Fötus mit aller Kraft aus ihrem Inneren herausschneiden, ihn totstechen, ihn mit der Spitze ihrer Waffe aufspießen. Das ist ihre Kriegshandlung. Bei der letzten Ultraschalluntersuchung konnten Marie und ihr Mann den unförmigen Kopf, die schlaffen Beine, den straffen Bauch deutlich erkennen, der Fötus schwamm im Fruchtwasser, von dem sie gehofft hatte, es sei so ätzend und säurehaltig, dass er ersticken und ertrinken würde. Es ist ein richtiges Baby, das sie töten wird, nicht mehr nur der kleine, schwarze Punkt. Sie spürt, wie die kalte Klinge ihre Scheidenwände entlangstreift. Sie schließt die Augen, beißt die Zähne zusammen. Sie wird es sich mit einem kräftigen Ruck tief in den Bauch stoßen, ihre Eingeweide zerreißen, es hin und her drehen, um sicherzugehen, dass es endgültig vorbei ist.

Es klopft an der Tür. »Guten Tag, ich bin Doktor Harcourt. Ich habe Sie heute Morgen operiert, ich habe mich gerade nach Ihnen erkundigt. Mein Kollege meinte, das Baby sei bei bester Gesundheit, das freut mich sehr.« Sie zieht unauffällig das Taschenmesser zurück. Sie wird es nicht schaffen, man wird sie nicht lassen. Die Welt ist gegen sie. Das Schicksal wendet sich immer gegen ihre Hoffnungen. Alle wollen, dass dieses Kind geboren wird, also gut. Marie fügt sich in ihr Los. Sie ist am Ende ihrer Kraft. Sie gibt es auf, ihr Kleines töten zu wollen. Es ist zu spät, die Gelegenheit ist wieder einmal vertan. Sie wird dieses Kind mit der Unterstützung ihres Mannes, ihrer Familie und Freunde austragen, die dafür sorgen werden, dass sie den Erfolg ihrer Vergewaltigung unter den besten Voraussetzungen zur Welt bringt. Erinnerungen an diese Nacht blitzen plötzlich wieder in ihrem Gedächtnis auf. Sie sieht den Mann vor sich, wie er mit seinem vor Erregung schwitzenden Körper mit einem langen, im ersten Moment endlos scheinenden Röcheln in ihr zum Orgasmus kommt. Marie weiß nicht, aus welchem unerklärlichen Grund ihr dieser Augenblick entfallen ist, warum sie nichts unternommen hat, um das Schlimmste zu verhindern, warum sie sich nicht in einer Nachtdienstapotheke die Pille danach und eine Postexpositionsprophylaxe zur Vorbeugung sexueller Krankheiten wie AIDS besorgt oder einfach einen Vaterschaftstest gemacht hat, um sich Gewissheit zu verschaffen. Stattdessen ist sie nur nach Hause gegangen, hat geduscht und sich schlafen gelegt. Es ist ihre Schuld. Sie zieht Zweifel der Wahrheit vor. Sie schämt sich, gibt sich die Schuld, kommt sich dumm vor, weil sie nicht anders reagiert hat. In diesem Krankenhaus zahlt sie nun einen hohen Preis dafür, und ausnahmsweise scheinen alle ihrer Meinung zu sein. Der Arzt hält in seiner Erklärung inne: »Haben Sie noch Fragen?« Nein.

AN DIESEM MONTAGABEND, während sie spürt, wie ihr eine weißliche Flüssigkeit zwischen den Schenkeln hinunterläuft, denkt Marie wieder an ihre Vergewaltigung. Als sich ihr Blut mit ihrer Scheiße mischte und ihr Erbrochenes mit ihrem Blut. Der Schmerz schießt ihr ins Kreuz, in den Bauch, die Arme und Beine. Marie glaubt zu sterben. Mit den Händen umklammert sie das schweißdurchtränkte Laken, ihr Körper treibt in physischen Qualen, die unmöglich zu bändigen sind. Die große, lang vergessene Angst kommt so gewaltig zurück wie zuvor. Sie kann keine Laute mehr unterscheiden. Eine Krankenschwester drückt ihre Hand und ermutigt sie, noch fester zu pressen. Jede Wehe zerreißt ihren Körper. Vielleicht wird sie hier auf diesem Tisch sterben, noch bevor sie die Geburt ihres Kinds erlebt. Ihr Becken wird unter dem Druck zerbrechen. Dreizehn Stunden Wehen. Es will nicht aus ihrem Bauch. Sie bedauert plötzlich, dass sie das Kleine zwingt, auf die Welt zu kommen. Es hat nicht darum gebeten. Wenn sie ihm später erklärt, dass es eine Vergewaltigung war und sie sich nicht getraut hat, ihrem Mann die Wahrheit zu sagen, wird das Kind es ihr vielleicht weniger verübeln. Sein Kopf drückt gegen ihren Damm. Marie fühlt sich wie ein verdammtes Tier. Paul übt Druck auf ihren Unterleib aus und brüllt, führt die Hand ein Stück in ihre Vagina ein, um die Scheidenwände zu dehnen und dem Baby mit dem Kopf nach draußen zu helfen. Die Scheide ist zu eng. »Vielleicht müssen wir einen Dammschnitt machen … Ach nein, vergessen wir das, es wird schon gehen.« Man ergreift für sie das Wort, man trifft an ihrer Stelle die Entscheidungen, sie muss nur pressen. Maries Augen sind weit aufgerissen. Sie hört alles, spürt alles. Die Periduralanästhesie wirkt nicht wirklich, betäubt den Schmerz nicht ganz. Sie denkt daran, dass sie gleich entscheiden muss, ob sie das Baby tötet oder nicht. Sie wird warten, bis alle Krankenschwestern und Paul das Zimmer verlassen haben, bevor sie etwas unternimmt. Sie liebt es nicht und wird es nie lieben, es ist besser für das Baby, wenn es sich nicht unnötig mit dem Leben plagt, wenn es wieder dorthin zurückkehrt, wo es hergekommen ist. Sie hat versucht, es früher loszuwerden, aber das ist ihr nicht geglückt, man hat sie daran gehindert. Vielleicht gewinnt aber auch das Leben die Oberhand. Vielleicht passiert etwas, wenn sich ihre Blicke begegnen, und hält sie davon ab, es zu erwürgen. Das Kind stößt einen entsetzlichen Schrei aus. Kaum hat man es aus ihrer klaffenden Vagina herausgezogen, bringt man das unförmige, verquollene, mit Fruchtwasser, Blut und einer wächsernen, weißen Schmiere überzogene Wesen schon zu Marie. Seine Haut ist trocken, leicht durchscheinend. An manchen Stellen kann sie die Blutgefäße erkennen. Es ist grauenhaft. Der dicke, feuchte Stummel der Nabelschnur klebt an seinem Bauch. Mit den eisigen Füßen tippt es ihr leicht gegen die Brust. Das Kind öffnet langsam die Augen, aber sie wendet schnell das Gesicht ab. Sein suchender Blick erfüllt sie mit Mitleid. Ein klebriges Sekret läuft aus seinen Augen. Eine grüne Flüssigkeit kommt aus seinem Hintern und verteilt sich auf seinen nackten Beinen. Ein säuerlicher Geruch, eine widerwärtige Mischung aus Teer, Schweiß und Urin, verbreitet sich im Zimmer. Sein bläulicher Penis ist geschwollen, aufgequollen, fast entzündet. Man könnte meinen, das Baby sei gerade vergewaltigt oder geschlagen worden. Marie versucht, ihren Ekel zu unterdrücken. Die Krankenschwester lächelt sie dümmlich an, als wolle sie Marie überzeugen, dass das, was gerade passiert, ein reiner Glücksmoment ist und sie sich darüber freuen soll, diesen Fötus aus ihrem fetten Bauch gepresst zu haben. »Meine liebe Marie, ich darf dir deinen Sohn vorstellen.« Man stellt einer Mutter ihr Kind nicht vor. Sie kennt es bereits besser als irgendwer sonst. Jetzt hat sie keine Wahl mehr, sie muss ihren Sohn ansehen. Er bekommt die kleinen, zugekniffenen Augen kaum auf. Er windet sich hin und her, beginnt zu schreien. Marie ist plötzlich müde. Ihre Kraft ist aufgebraucht. Sie schließt langsam die Augen. Man nimmt ihr das Baby aus dem Arm, sie sinkt nach hinten, streckt die Waffen, kämpft nicht mehr. Ihr Körper scheint sich zwischen ihren Beinen zu leeren. Sie hört ferne Schreie: »Ihr Blutdruck sinkt. Fünf Hg. Sie ist nicht mehr bei Bewusstsein. Rufen Sie das Notfallteam aus OP 2.« Marie hat keine Angst. Sie weiß, dass sich wieder einmal alle um sie kümmern werden.

»WIR HATTEN WIRKLICH Angst … Du hörst auch nie auf mit deinen Dummheiten! Aber du hast das sehr gut gemacht, schau nur, wie hübsch unser Sohn ist. Unser kleiner Thomas.« Thomas, der Name seines Großvaters. Laurent sitzt ihr gegenüber, den Säugling im Arm. Er ist jetzt gewaschen, sauber und vorzeigbar. Laurent legt ihn seiner Frau behutsam in den Arm. Sie betrachtet ihn, mustert ihn eingehend, sucht nach ersten äußerlichen Ähnlichkeiten mit ihrem Vergewaltiger. Sie prüft die Größe seiner Hände und Nase, seine Augenfarbe, Haut und Mundform. Alles ist zu klein. Es ist noch zu früh, aber sie ist sich schon jetzt sicher, dass das Kind nicht von ihrem Mann stammt. Jeanne ist auch im Zimmer bei ihrem Sohn. Sie weist die heimlichen Gedanken ihrer Schwiegertochter zurück, findet, dass der kleine Thomas »wie ein Ei dem anderen« Laurent bei seiner Geburt gleicht.

Eine Krankenschwester betritt das Zimmer. »Es ist Zeit zum Stillen.« Marie wollte ihren Sohn nicht stillen, eine Entscheidung, die zu großem Streit mit ihrem Mann geführt hat, der industrielle Milch strikt ablehnt. Sie hat schließlich nachgegeben. Der winzige Kindermund nähert sich Maries warmer Brust. Ihre Hände verkrampfen sich, sie hat Angst. Das Gefühl ist verstörend, pervers. Dieses Baby, die Frucht ihrer Vergewaltigung, davon ist sie überzeugt, saugt an ihrem Nippel, leckt ihn, verformt ihn, klemmt ihn zwischen seinen blutigen, zahnlosen Kiefer, während ihr Mann und ihre Schwiegermutter gerührt zusehen. Die Demütigung ist zu groß. Sie bittet alle, nach draußen zu gehen, damit sie mit ihrem Kind alleine ist. Sie kommen ihrer Bitte anstandslos nach. Maries Tränen fließen langsam über den Kopf des saugenden Babys. Das Kind rührt sie mit seiner Unschuld. Sie fühlt sich ihm nahe, ist plötzlich dankbar, dass sie ihn während dieser schmerzhaften Zeit im Bauch getragen hat, als hätten sie dieselbe Bürde geteilt, beide Opfer desselben Unglücks. Marie würde ihn gerne lieben. Sie streichelt den blonden Flaum auf seinem winzigen Kopf, hebt seine kleinen Finger, die er instinktiv um ihre schließt, in dem Wissen, dass sie seiner Mutter gehören. Marie wird es nicht ertragen, Thomas aufwachsen zu sehen. Der Säugling von heute beunruhigt sie, den Mann von morgen fürchtet sie. Ein Mann mit einem Penis, Männlichkeit, einem Körper, stärkeren Händen als ihren, einem Geruch, einer Stimme, einer Bestimmung als Mann, ein Wilder. Wenn Marie ein Mädchen bekommen hätte, wäre das sicher anders gewesen. Sie hätte ihr gegenüber weniger Hass und Bitterkeit empfunden. Sie hätte sie vielmehr vor allem beschützen, immer in ihrer Nähe wissen wollen, damit sie nicht dieselben Qualen erleidet. Es wäre ein innerer Kampf geworden. Maries Blick fällt auf ein großes Plakat vor ihrem Bett: »Starten Sie entspannt in Ihr Leben als Mama!« Den Frauen werden Workshops angeboten für Sophrologie, persönliche Entwicklung, Gespräche über die neue Elternrolle, Rückbildungsgymnastik für eine schnelle Wiederaufnahme der sexuellen Aktivität nach der Geburt.

Es klopft an der Tür. »Entschuldigen Sie, aber ich glaube, das Baby muss gewickelt werden. Ich kann es Ihnen zeigen, wenn Sie möchten.« Marie löst das Kind von ihrer Brust. Es würgt einen Teil der Milch wieder hervor. Ein saurer Geruch steigt ihr in die Nase. Die Krankenschwester nimmt das Baby vorsichtig auf den Arm, wickelt es in eine dicke Decke und legt es auf den Wickeltisch, der neben dem Bett aufgestellt ist. Marie will ihr Kind nicht noch einmal nackt sehen. Der erste Anblick seines Penis hat sie mit Entsetzen erfüllt.

Laurent kommt herein, begleitet von ihrer Mutter und ihrem Vater, Roxane und ihrem Mann. »Ach Gott, wie bezaubernd er ist ... mein Neffe, der kleine Thomas.« Ihre Schwester sieht zuerst das Kind an, ihr zweiter Blick gilt Marie. Bald wird sich die ganze Familie im Zimmer versammeln. Tagelang wird es hier zugehen wie beim Karneval, ein ständiges Kommen und Gehen von Freunden, Angehörigen, Kollegen. Begeisterte Ausrufe über die Schönheit des Kinds, dann wird man der Mutter beiläufig gratulieren, gute Arbeit geleistet zu haben. Es ist ungerecht, dermaßen missverstanden zu werden. Keine Frau verdient es, so unverschämt behandelt zu werden. Ein kleiner Kreis bildet sich um das Kind. Marie liegt im Bett, sie ist ausgeschlossen. Sie ist nur Zuschauerin. Paul kommt in Begleitung von Sophia. Jetzt sind alle da. Die Geschichte geht ohne Unterbrechung weiter, baut genug Spannung auf, um im Schlimmsten zu enden. Der Champagnerkorken knallt. Laurent hat wirklich an alles gedacht.

THOMAS IST HEUTE auf den Tag genau zwei Monate alt. Sein Vater hängt das Geschenk an den Kinderwagen, ein kleiner Plüschhase, der vor dem verblüfften Blick des Babys ein paar kurze Melodien abspult. Der Wind bläst, der Himmel verdunkelt sich schlagartig. Die Spaziergänger eilen zu dem Holzsteg, der den großen Normandie-Strand entlangführt, um dem aufziehenden Gewitter zu entkommen. Marie rückt das Hemd des Kleinen zurecht. Durch das große Glasfenster des Restaurants beobachtet sie, wie die Wellen vor der Küste brechen. Laurent spielt mit seinem Sohn, neckt ihn: »Den Strand müssen wir wohl auf morgen verschieben. Sein erster kleiner Spaziergang! Jetzt ist mein großer Knirps schon zwei Monate alt!« Er küsst ihn auf den Hals, hebt ihn hoch, umarmt ihn, steckt den Kopf in den Kinderwagen. Marie schenkt dieser Zärtlichkeit keine Beachtung mehr. Sie glaubt, dass diese Beweise der Zuneigung überflüssig sind, weil ohnehin von vorneherein alles falsch ist. Es ist eine große Lüge, die sich einfach nur im banalen Familienalltag fortsetzt. Laurents Tante Nathalie lebt das ganze Jahr über in Deauville. Jetzt ist sie mit ihrem Mann drei Wochen nach Martinique geflogen und hat ihnen angeboten, ein paar Tage bei ihr zu verbringen und die große Villa zu nutzen, die versteckt auf einer Anhöhe über der Stadt liegt. Marie wäre lieber in Paris geblieben, aber Laurent ist erschöpft von seinen vielen laufenden Gerichtsprozessen und seiner kürzlichen Ernennung zum Partner in der Kanzlei, er hat sie überredet, wegzufahren und die frische Luft in der Normandie zu genießen.

Nach dem Mittagessen wollen sie einen Ausflug nach Honfleur machen. Thomas muss gewickelt werden. Marie drückt sich. Laurent geht mit dem Kind zur Toilette, um ihm die Windeln zu wechseln. Die Minuten verstreichen. »Sie haben hier keinen Wickeltisch. Wir machen das lieber im Auto. Hier, nimm du ihn, ich bezahle und komme dann nach.« Marie hält das Baby immer unbeholfen, als würde sie es gleich fallen lassen. Thomas schreit los. Sein Vater dreht sich besorgt um, behält seine Frau im Auge, dann wendet er sich zum Zahlen der Bedienung zu.

Marie geht zum Auto. Jedes Mal, wenn sie dem Kind die Windeln wechseln muss, hat sie Angst. Sie will seinen Penis weder sehen noch berühren. Sie löst die Enden der Windel, rollt sie zusammen und wirft sie hastig in eine Plastiktüte. Sie wischt dem Kind den Hintern nicht mit einem Feuchttuch ab, sie sieht lieber weg. Das Baby sieht sie an. Marie hebt seine kleinen speckigen Beine an den Füßen hoch und macht die saubere Windel fest. Laurent kommt, kontrolliert, ob alles in Ordnung ist. Er weiß nicht, warum, aber er zieht es vor, immer zu wissen, was seine Frau macht. Er verdächtigt sie nicht, hält sie für eine gute Mutter, aber spürt schon von Anfang an die Notwendigkeit, ihr zu helfen und sie mit dem Kind bei jedem Handgriff zu unterstützen.

Marie liebt Honfleur, liebt es, Schokoladenwaffeln zu essen und am Kai zu sitzen, der den kleinen Hafen der Stadt einbettet und schützt. Wenn das Wetter trüb ist, beleuchtet das warme Licht der Antiquitätenläden die überfüllten Gässchen. Selbst im Sommer birgt Honfleur die Melancholie erster Wintertage. Es ist eine Stadt der Wahrheit. Laurent steigt mit dem Kinderwagen die Anhöhe hinauf. Marie bleibt vor den Schaufenstern der Kunstgalerien stehen. Eine Tonplastik im klassischen Stil von einer nackten Frau, die von einem

Mann geohrfeigt wird, erregt ihre Aufmerksamkeit. Sie hält einen Augenblick inne, um sie genauer zu betrachten. Laurent tritt hinter sie, legt den Kopf auf ihre Schulter. »Was für eine Poesie! Aber was sein muss, muss sein, so ist das manchmal!« Er scherzt, macht Spaß.

Plötzlich weint das Kind, als käme es seiner Mutter zu Hilfe. Sie werden bald in die Villa zurückkehren. Die Zeit wird immer gezählt, eingeteilt, gestohlen, unterbrochen, der Mutter abgerungen, die sich den Ansprüchen des Babys beugen muss. Der Tag ist vorbei.

Ein kräftiger Sonnenstrahl durchlöchert den Vorhang im Schlafzimmer. Marie hat schlecht geschlafen. Das Baby ist in der Nacht dreimal aufgewacht, und sie war heute an der Reihe, es wieder in den Schlaf zu wiegen. Laurent schläft noch tief und fest neben ihr. Gestern Abend haben sie Wein getrunken und ferngesehen. Vor seinem Sohn im Kinderwagen hat ihr Mann versucht, sie sanft zwischen den Oberschenkeln zu berühren, mit der Hand über ihre Brust zu streichen, aber er hat begriffen, dass nichts passieren wird. Marie hat überhaupt keine Lust mehr, mit ihrem Mann zu schlafen, seit der Geburt ist ihr Verlangen vollständig verflogen. Laurent hat das Problem kurz bei Paul angesprochen, der ihm geraten hat, ein bisschen zu warten, seiner Frau Zeit zu lassen, bis sie wieder eine normale sexuelle Aktivität aufnehmen will. Er gibt sich Mühe, den Rat zu befolgen. Aber manchmal hört Marie, wie ihr Mann im Bett neben ihr masturbiert. Sie hört ihn stöhnen, spürt, wie er unschuldig sein hartes Glied an ihren Hintern schmiegt, versucht, ihre Schenkel zärtlich zu spreizen, und manchmal findet sie Spermaspuren, wenn sie morgens das Bettlaken glattzieht. Wenn der Druck zu groß wird, lässt sie sich auf Fellatio ein oder legt sich auf den

Bauch, um den Blick ihres Mannes nicht ertragen zu müssen, wenn er in sie eindringt.

Laurent steht auf, kommt zu ihr in die Küche. Das Kind ist immer noch an seinem Platz. Marie kocht Eier fürs Frühstück. »Heute ist es so schön. Wir könnten doch am späten Nachmittag an den Strand gehen, oder?« Marie willigt schroff ein. Sie hat keine Lust. Sie hat auf gar nichts mehr Lust. Manchmal fragt sie sich, wann ihrem Mann wohl auffallen wird, dass es ein Problem gibt. Vielleicht nie. Er verschließt die Augen vor den Tatsachen, liebt seine Frau von ganzem Herzen, ahnt nichts von ihrer Verzweiflung. Sie verbirgt ihren Kummer, ihre Wut, aber es fällt ihr schwer, sich zu verstellen. In ein paar Wochen wird sie ihre Arbeit in der Bank wiederaufnehmen, sie schafft es nicht mehr, den ganzen Tag mit ihrem Sohn alleine zu bleiben. Im Übrigen lässt sie ihn sowieso meistens in der Wiege, einsam auf dem Wohnzimmerteppich oder im Kinderzimmer und achtet nur darauf, ihn zu füttern und ihm die Windeln zu wechseln. Nur das Allernötigste. Nach Feierabend gibt ihm sein Vater dann die Portion Zuneigung, die er braucht, und das war's.

Laurent zieht Thomas an, reibt ihm das Gesicht und die Arme mit Creme ein, um ihn vor der Sonne zu schützen. Marie befestigt den großen Sonnenschirm am Kinderwagen. Sie sind bereit für den Strand. Angesteckt von Laurents maßloser Begeisterung, ist Marie zum ersten Mal ein bisschen aufgeregt darüber, etwas als Familie zu unternehmen. Doch schnell erinnert sie eine innere Stimme daran, dass alles nur Fassade ist, nur ein weiteres Werbefoto, an das sie gerne glauben würde. Marie hat auf den Bikini verzichtet, hat sich lieber einen Badeanzug gekauft. Während der Schwangerschaft hat sie fünfundzwanzig Kilo zugenommen. Bisher ist sie erst acht Kilo wieder losgeworden. Sie hasst ihren Körper. Alles ist unförmig. Cellulite an den Oberschenkeln und am Po, schlaffe Haut, hängende Brüste, große, weiße Schwangerschaftsstreifen auf dem Bauch und der Hüfte, die Scheide noch gedehnt von der Geburt, die Haut trocken und strapaziert von den vielen schlaflosen Nächten. Sie, die immer so dünn, so stolz auf ihre schlanke und straffe Figur gewesen war, mit einem einfachen Handgriff ihren Pareo löste und sich ins Wasser stürzte, versteckt sich jetzt hinter einem Handtuch, um sich Hose und T-Shirt auszuziehen. Ihr frech gegenüber steht Laurent und zieht sich aus. Sein gebräunter, muskulöser Körper hat nicht gelitten, er sieht immer noch genauso aus wie vor fünfzehn Jahren, sogar noch besser. »Ich gehe kurz schwimmen. Bin gleich wieder da.« Eine Gruppe junger Mädchen in der Nähe beobachtet, wie er über den Strand fegt. Mitleidige Blicke drehen sich zu ihr um. Wie kommt diese fette Kuh an einen so attraktiven Mann? Marie holt Süßigkeiten aus dem Rucksack und stopft sich unter spöttischem Gelächter mehrere Handvoll kleine, bunte Schokokugeln in den Mund. Thomas fängt an zu jammern. Seine Mutter hasst die ersten Anzeichen eines Weinkrampfs, wenn das Baby auf sein Hemd sabbert und mit den Füßen gegen den Kinderwagen tritt. Sie muss ihn auf den Arm nehmen. Schlagartig verändern sich die auf sie gerichteten Blicke. Sie ist eine junge Mama. Das erklärt alles. Der Körper hat sich verändert, das ist ganz normal. Die Hyänen sind verschwunden, und an ihre Stelle sind wohlwollende, verzaubert lächelnde Gesichter getreten: »Oh, wie süß. Wie alt ist er denn?« Marie antwortet abweisend und schirmt das Gesicht des Babys mit der Hand ab, als wolle sie es fernhalten, nicht zu sehr in den Genuss der Komplimente kommen lassen.

Laurent kehrt zurück. Marie reicht ihm das Baby, damit sie baden kann. Die Aufmerksamkeit hat die Seiten gewechselt.

Jetzt steht Laurent im Mittelpunkt des Interesses. Sie geht alleine, schweigend, zum Meer. Sie macht zuerst die Zehen nass, dann die Füße. Das Wasser ist nicht sehr warm. Sie befeuchtet sich schnell den Nacken, spritzt sich kaltes Wasser auf die Oberschenkel und den Bauch, dann taucht sie mit dem ganzen Körper unter. Sie schwimmt hinaus, entfernt sich vom Strand, um das Geschrei der am Wasser spielenden Kinder nicht mehr zu hören. Der Wellengang trägt sie sanft fort vom Toben am Ufer. Ihr Körper wird leichter. Sie kann sich nicht mehr erinnern, wann sie das letzte Mal alleine geschwommen ist. Sie streckt die Glieder weit von sich, beugt den Kopf nach hinten, bis die Ohren unter Wasser sind. Der Schmerz setzt kurz aus. Sie würde gerne an einen unbekannten Ort treiben, in einem anderen Leben aufwachen. Sie hört Pfiffe. Sie ist zu weit hinausgeschwommen. Der Rettungsschwimmer gestikuliert warnend, dass sie zurückkommen soll. Marie taucht mit dem Kopf auf, um zurück ans Ufer zu schwimmen.

Ihre ersten Schritte auf dem Strand sind beschämt. Sie wird fast beschimpft, zurechtgewiesen. Sie sucht ihren Sonnenschirm, aber sieht ihn nicht. Dabei ist sie überzeugt, dass ihr Platz in der Nähe der Duschen ist. Sie geht näher heran, erkennt die Gruppe junger Mädchen, die sie vorhin beobachtet hat. Sie sitzen im Sand, bilden mit ihren langen Beinen einen Kreis um Laurent und Thomas. Das Mädchen mit dem blonden Haar und dem gebräunten Teint ist bestimmt nicht älter als zwanzig. Sie sitzt dicht bei ihrem Ehemann, schreit, lacht schallend unter den Blicken ihrer Freundinnen und vor Laurent, der sie anlächelt. »Alles klar? Störe ich?« Laurent sieht hoch zu seiner Frau. Er fragt sie, wie das Baden war. Die jungen Mädchen ziehen sich zurück. Maries Handtuch, auf dem sie gesessen haben, ist voller Sand. Sie hebt es mit einem Ruck hoch, schüttelt es aus. Sandkörner fliegen in alle Richtungen. »Hey, hör auf, du schleuderst ihm alles in die Augen!« Sie macht weiter. Laurent packt sie grob am Arm. Schließlich hört Marie auf. Laurent legt das Baby zurück in den Kinderwagen, während er seine Frau aufgebracht und verständnislos ansieht. Sie ignoriert seine Wut, dreht den Kopf weg. Sie beschließen zu gehen. Von weitem grüßen die jungen Mädchen Laurent mit einem zurückhaltenden Winken. Das Baby weint, es hat Hunger. Sie müssen schnell zurück in die Villa.

Morgen ist der Urlaub zu Ende. Marie wird ihre Arbeit in der Bank wiederaufnehmen, ihre Kollegen und Kunden wiedersehen. Das Baby wird bis abends in der Krippe bleiben und darauf warten, dass seine Mutter es abholt. Laurent fährt schnell. Er dreht sich lächelnd zu Marie um. »Du hattest schon lange keinen Eifersuchtsanfall mehr … Eigentlich mag ich das …« Er nimmt die Hand vom Schalthebel und legt sie seiner Frau auf den Oberschenkel. Marie würde ihm gerne ins Gesicht schlagen, legt dann aber lieber ihre Hand auf seine, um sich nicht in einem neuen Streit aufzureiben. Das ist seit Monaten die erste körperliche Annäherung zwischen dem Ehepaar. Thomas jammert ein bisschen auf dem Rücksitz, dann stößt er plötzlich einen langen, spitzen Schrei aus, der durchs ganze Auto hallt. Seine Eltern sind überrascht. Das hat er noch nie gemacht. Laurent betrachtet ihn zärtlich im Rückspiegel. Marie dreht sich um, sieht ihn an, mustert ihn einen Augenblick: »Wie der Vater, so der Sohn.«

DAS BABY HAT große Schmerzen. Es schreit auf der Untersuchungsliege, tritt wild um sich, krallt sich mit aller Kraft an der Matratze fest. Marie trägt ein schönes schwarzes, tailliertes Kleid, Laurent einen perfekt geschnittenen Anzug. Seit Beginn des Termins wundert sich der Kinderarzt über das perfekte Erscheinungsbild des Paars. »Es ist wirklich kein schöner Anblick, aber besser als letztes Mal. Die Behandlung verläuft gut, und die Infektion am Penis geht langsam zurück. Er hat Glück gehabt, das hätte noch viel schlimmer ausgehen können.« Laurent ist sehr aufmerksam. Er hängt an den Lippen des Arztes und liest ihm jedes Detail vom Gesicht ab. Er hat Angst, dass ihm eine seiner Anweisungen entgeht. Marie sieht aus dem Fenster, dann beteiligt sie sich wieder kurz am Gespräch. Sie weiß, dass es ihre Schuld ist, fühlt sich aber nicht betroffen davon, was ihrem Sohn passiert.

Drei Wochen lang war Laurent in der Kanzlei buchstäblich mit Arbeit zugeschüttet. Er kam abends spät nach Hause, und Marie war gezwungen, ihre Rückkehr in die Bank erneut aufzuschieben, um bei Thomas bleiben zu können, bis ein Krippenplatz frei wird. Sie hatten den Antrag lange im Voraus gestellt, aber der September war schon vorbei, und alle anderen Eltern standen einige Wochen vor ihnen auf der Warteliste. Marie musste sich tagelang alleine um ihren Sohn kümmern. Sie wusch ihn nicht jeden Tag, wechselte ihm nur sehr selten die Windeln, überdeckte den unangenehmen Geruch nach sauer gewordener Milch in seinen Halsfalten mit Babyduftspray. Wenn Laurent abends gegen 21 Uhr nach Hause kam, fand er seinen Sohn schlafend in der Wiege, angenehm nach Lavendelcreme duftend, küsste ihn auf die Stirn und ging am nächsten Morgen um 7 Uhr wieder zur Arbeit.

Letzten Samstag hatte sich Marie mit Sophia im Restaurant zum Abendessen verabredet. Glücklich, endlich etwas Zeit alleine mit seinem Sohn zu verbringen, blieb Laurent zu Hause, um auf ihn aufzupassen. Marie hatte ihm vor dem Weggehen gesagt, er sei bereits gewickelt und gestillt. Gegen 22 Uhr hört Laurent das Baby schreien, nach Luft schnappen. Das Kind glüht vor Fieber. Thomas schwitzt. Seine Haut ist triefend und feucht, rötlich bis gräulich verfärbt. Langsam schließt er die Augen, die Atmung geht nur noch stoßweiße. Laurent ruft sofort seine Frau an und bittet sie, so schnell wie möglich in die Notaufnahme zu kommen. Marie erscheint erst gegen Mitternacht. Sie hat ihr Handy ausgeschaltet. Die Diagnose des Kinderarztes vor Ort ist eindeutig: »Es handelt sich hier zweifellos um Vernachlässigung. Ihr Kind wurde seit Wochen nicht ordentlich gewickelt und gewaschen. Ich würde sagen, mindestens seit einem Monat. Die Infektion ist im Analkanal entstanden. Bei der Untersuchung Ihres Sohns habe ich im Analbereich zwei große Fisteln entdeckt, die chirurgisch entfernt und mit Antibiotika behandelt werden müssen. Die Infektion hat sich auch auf den Penis ausgebreitet, weil man ihn weder gewaschen noch seine Vorhaut zurückgeschoben hat. Ich gehe von einer Balanoposthitis aus. Eine Entzündung der Eichel und der Vorhaut, wir werden zunächst versuchen, sie medikamentös zu behandeln.«

Das Wort »Vernachlässigung« trifft Laurent wie ein Schlag. Es fällt ihm schwer, sich gerade auf dem Stuhl zu halten. Er ist von der Situation völlig überrumpelt. Sein Handy klingelt. Es ist seine Frau. Sie ist gerade im Krankenhaus angekommen. Er bedankt sich beim Arzt, versichert ihm, dass er die

Ratschläge genauestens befolgen und sehr achtgeben wird, erklärt, dass sie noch ganz junge Eltern sind, berufstätig, ohne Erfahrung und erschöpft, noch nicht daran gewöhnt, auf ein Baby aufzupassen. Der Kinderarzt zeigt Verständnis, bittet ihn, vorsichtig und aufmerksam zu sein. Er druckt mehrere Rezepte aus und gibt ihm einen Termin für nächste Woche.

Das Klacken hoher Absätze hallt durch den Flur, eine Frau ringt nach Luft. »Ist es schon vorbei? Es tut mir wirklich leid, mein Handyakku war leer, und als ich nach Hause kam ... Kein Mensch war da, ich hatte solche Angst. Was haben die Ärzte gesagt? Was hat er denn?« Maries panische Worte klingen falsch in ihrem Mund. Sie nähert sich dem Baby. Laurent hält sie vom Kinderwagen zurück, sagt, dass Thomas sehr müde ist und sie besser nach Hause gehen sollten. Auf dem Heimweg schweigt er, umklammert das Lenkrad. Marie hat heute Abend einiges getrunken. Sophia und sie haben viel gelacht. Sie ist entspannt, in Hochstimmung, will nicht wieder auf den Boden der Tatsachen zurück, in dieses so strenge und trostlose Familienleben, unter dem sie seit Monaten leidet. Ihr Mann weiß nicht, wie er seine Frau auf das Thema ansprechen soll, doch dann beschließt er, verärgert über ihre unangebrachte Ruhe, die Offensive zu ergreifen: »Wir müssen schleunigst einen Krippenplatz finden. So geht das nicht weiter, Marie. Weder für dich noch für Thomas und für mich auch nicht. Bist du dir darüber im Klaren, was gerade los war? Der Arzt hat uns beinahe wie Rabeneltern behandelt! Er hat von Vernachlässigung gesprochen, ist dir überhaupt bewusst, was das bedeutet? Kindesvernachlässigung ist eine sehr ernste Angelegenheit!« Marie findet, dass er übertreibt. Sie war wirklich erschöpft in den letzten Wochen, aber immerhin war sie diejenige, die sich pausenlos um ihren Sohn gekümmert hat. Sie hat für ihren Mann auf ihre Karriere verzichtet, ist jeden Tag ohne Unterstützung mit ihrem Kind zu Hause geblieben. Und jetzt behandelt er sie wie eine Rabenmutter, weil sie die Windeln nicht richtig gewechselt oder seinen mit Milchresten verklebten Hals nicht ordentlich gewaschen hat. Als er die Vorwürfe seiner Frau hört, beruhigt sich Laurent, hat Verständnis für sie. Er weiß, dass sie der neue Rhythmus sehr erschöpft und sie es ungerecht findet, nicht wie er arbeiten zu können. Er küsst sie, entschuldigt sich, verspricht, gleich morgen eine Lösung zu finden, vielleicht sogar ein Kindermädchen einzustellen. An den folgenden Tagen ist Laurent früher nach Hause gekommen.

Ihre Kollegen haben sie gebeten, das Kind mitzubringen. Sie warten entschlossen vor der Bank, um sie in Empfang zu nehmen. Marie hatte überhaupt keine Lust, allen ihren Sohn vorzustellen, die Trennung zwischen Berufs- und Privatleben war für sie in den letzten Monaten ihr einziger Trost. Aber die Kollegen hatten darauf bestanden, und sie konnte es ihnen nicht ausschlagen. Ihr Büro, das früher sachlich, sauber und aufgeräumt war, steht nun voll mit kleinen Aufmerksamkeiten und Geschenken zur Geburt, die ihre treuesten Kunden geschickt haben. »Und sieh mal … Sogar Laurent hat etwas beigesteuert.« Hervé reicht Marie einen kleinen Goldrahmen mit einem Foto von ihr, ihrem Mann und ihrem Sohn in der Entbindungsstation. Sie erinnert sich noch sehr gut an diesen Moment. Es bricht ihr das Herz. Es ist 18:30 Uhr, Feierabend. Ihre Kollegen haben einen kleinen Umtrunk organisiert, um ihre bevorstehende Rückkehr zu feiern. »Weißt du, hier hat sich einiges verändert. Janine ist gegangen, Patrice' Stelle hat jetzt Xavier übernommen …« Sie hört zu, fühlt sich aber schon jetzt verloren in den vielen

Einzelheiten. Der kleine Thomas wird von einem Arm zum nächsten gereicht.

Marie glaubt, dass sie ihre Periode bekommen hat, ihre Hose fühlt sich feucht an. Sie verschwindet auf die Toilette und vertraut ihren Sohn der Obhut ihrer Chefin an. Nach ihrer Erschöpfung durch die Schwangerschaft wollen sie und Laurent mit einem zweiten Kind noch warten. Marie will jedenfalls keins, sie hat nach Thomas' Geburt sofort wieder die Pille genommen. Sie findet, dass sich alles so schnell verändert hat. Es gab einmal einen Tag, eine Stunde, die letzte Sekunde vor ihrer Vergewaltigung, da hätte sie sich ein Leben mit Laurent und ihren vier Kindern vorstellen können. Sie wären in eine große Wohnung in Paris gezogen, vielleicht sogar in ein kleines Haus. Laurent hat jetzt ein sehr gutes Einkommen, alles wäre möglich gewesen. Sie hat ihre Periode doch noch nicht, das hat sie sich nur eingebildet. »Trotzdem, nach ein paar Monaten schon wieder arbeiten gehen … Sie hat doch bestimmt nur keine Lust, sich um ihr Kind zu kümmern. Also, ich bin bei meinem Ersten ja zweieinhalb Jahre daheimgeblieben, um ihn zu erziehen. Aber mit ihrem Mann, da kann die sich bestimmt ein Kindermädchen leisten! Mal im Ernst, also bei manchen fragt man sich doch echt …« Marie erkennt die Stimmen nicht. Die zwei Frauen unterhalten sich vor der Toilette, werfen ihr vor, so früh wie möglich wieder arbeiten zu wollen. Sie denken, dass sie mit den neuen geschäftlichen Vorgaben überfordert sein wird und schon ein bisschen zu alt ist, um ihre Ziele zu erreichen. Marie spürt, wie ihr die Tränen in die Augen steigen, ihre Kehle ist wie zugeschnürt. Sie traut sich nicht, die Toilette zu verlassen und ihnen gegenüberzutreten, sie wartet lieber, bis sie weg sind.

Als Marie wieder zu ihren Kollegen stößt, hüpft Thomas

immer noch auf dem Schoß ihrer Chefin herum. Sie muss gehen. Sie will morgen ausgeruht sein und das Wochenende nutzen, um sich in die Unterlagen einzuarbeiten. Hervé reicht ihr einen großen Ordner, in dem er die aktualisierten Karteikarten zu ihren besten Kunden zusammengestellt hat. »So findest du dich am Montag gleich zurecht, ganz ohne Stress.« Hervés Entgegenkommen rührt sie. Sein aufrichtiges Lächeln, die immer unbeholfen verschränkten Arme, die zu großen Anzüge, das kurze, nervöse Lachen, die bunten Krawatten mit Disneymotiven; wäre er ihr Mann, davon ist sie überzeugt, würde er sie besser verstehen als irgendwer sonst.

Als sie nach Hause kommt, ruft Laurent an und sagt, sie solle nicht auf ihn warten. Er muss mit seinem Vorgesetzten zu Abend essen, um mit ihm einen neuen wichtigen Fall zu besprechen. Das Baby liegt auf der Krabbeldecke. Sie beachtet es nicht und brät sich die vom Vortag übrig gebliebenen Nudeln in der Pfanne an. Thomas weint, er hat Hunger. Nach der Geburt hat sie das Stillen immer hinausgezögert, sich jedes Mal dagegen gesträubt. Laurent ist es nach einigen Monaten aufgefallen. Jetzt, nach der Infektion des Babys, muss sie vorsichtig sein. Sie ist auf die Idee gekommen, ihre Milch abzupumpen und die Fläschchen im Voraus vorzubereiten. Heute Abend wird Thomas warten müssen, bis sie ihren Teller Nudeln aufgegessen hat. Dann wird sie das Fläschchen aus dem Kühlschrank holen. Sie sitzt auf der Küchenanrichte und beobachtet von oben, wie das Baby auf dem Boden herumrobbt. Er ist sehr geschickt für sein Alter. Der Kinderarzt hielt Thomas für aufgeweckt und schlau. Sie ist fertig mit dem Essen. Sie nähert sich dem Kind mit dem Fläschchen in der Hand. Wenn sie es im Arm hält, versucht sie, es nicht zu lange anzusehen. Marie riecht seinen Geruch, würde ihn gerne streicheln, auf die Stirn küssen, ihm liebevolle Worte ins Ohr flüstern. Aber das kann sie nicht. Sie bekommt das Gesicht ihres Vergewaltigers nicht aus dem Kopf. Sie begnügt sich damit, Thomas zu stützen, damit er möglichst schnell die Milch leertrinkt, und sie ihn ins Bett bringen kann. Früher ließ sie ihm keine Zeit für ein Bäuerchen. Jetzt fühlt sie sich dazu verpflichtet. Sie will nicht riskieren, dass er erstickt, eine Gefahr, an die sie nie gedacht hat, bevor der Arzt sie erwähnte.

Laurent kommt nach Hause. Sie bereut es, noch nicht zu schlafen. Erregt vom Alkohol und seinem neuen Fall, wird er wieder versuchen, sie zu berühren. Sie kann ihm nichts mehr vormachen und würde ihm am liebsten sagen, dass er seine sexuellen Bedürfnisse anders befriedigen soll. Das letzte Mal haben sie vor zwei Monaten miteinander geschlafen. Sie hatte es über sich ergehen lassen. Endlose Minuten wurde sie von ihrem Ehemann penetriert, während sie darauf wartete, dass er endlich zum Orgasmus kam. Doch an dem Abend war er besonders aktiv gewesen. Er wälzte sie wie ein Sack herum, stopfte ihr seine Finger in den Mund, flüsterte ihr unanständige Dinge ins Ohr. Er hatte auf ihren Bauch ejakuliert, sich im letzten Moment zurückgezogen, als hätte er Angst, in ihr zu kommen. Laurent betritt auf Zehenspitzen das Zimmer. Er zieht sich aus und legt sich dicht neben Marie. Sein Atem riecht stark nach Whisky. Er presst sein hartes Glied an den Hintern seiner Frau, kreist langsam das Becken. Marie knurrt, bittet ihn, sie schlafen zu lassen. Er schiebt ihr die Hand zwischen die Schenkel. Sie rückt weg. Laurent lässt von ihr ab, steigt aus dem Bett und verlässt das Zimmer. Er wirkt verärgert, aber sie beachtet ihn nicht.

Einige Zeit später ist er immer noch nicht zurück ins Bett gekommen. Der Wecker auf dem Nachttisch zeigt 2:30 Uhr an. Marie steht auf, um nachzusehen, was ihr Mann macht. Im Wohnzimmer ist ein schwacher Lichtschein. Sie tappt leise durch den langen Flur. Laurent sitzt auf dem Sofa, hat seinen Laptop auf dem Schoß. Sie kann nicht alles erkennen, es ist zu dunkel. Sie nähert sich leise von hinten, hört Geräusche, begreift. Laurent keucht, schnappt nach Luft, masturbiert vor einem pornografischen Video: Ein junges Mädchen wird von zwei Männern gleichzeitig genommen. Er seufzt, sein erigiertes Glied in den Händen. Er spreizt die Beine, lässt den Kopf zurück auf die Sofalehne sinken. Marie sieht ihm zu, steht wie angewurzelt hinter ihm, ein wenig unter Schock. Laurent ist wie alle anderen Männer, ist es immer gewesen. Er ist nur ein Mann, der seine Frau nehmen will, wenn ihm danach ist. »So steht die Frau still wie eine Klomuschel, damit der Mann sein Geschäft in sie hineinmachen kann.« Dieser Satz der Autorin Elfriede Jelinek fällt ihr plötzlich wieder ein. Jahre vor ihrer Vergewaltigung hatte ihr jemand den Roman *Lust* geliehen. Sie erinnert sich, dass sie ihn nicht zu Ende gelesen hat. Sie fand ihn schockierend, ungerecht, ekelhaft, diesen Satz ganz besonders. Eine blöde Feministin. Heute sieht sie das anders. Marie will warten, bis ihr Mann vor dem Pornofilm zum Orgasmus kommt. Sie will wissen, ob er sich genauso verhält wie bei ihr. Schließlich hatte sie vor Laurent nicht viele Männer. Er stößt einen kurzen, unterdrückten Schrei aus. Sperma spritzt auf seinen Bauch, sein Glied liegt immer noch erigiert in seiner Hand. Der Laptop rutscht auf die Couch. Das Video geht weiter. Bilder von dem jungen Mädchen in Schuluniform, voller Sperma, auf den Knien vor zwei riesigen, über ihrem Gesicht aufragenden Penissen ziehen vor ihrem Auge vorbei. Marie geht leise hinaus, ohne dass ihr Mann ihre Anwesenheit bemerkt. Sie schlüpft unter die Decke. Sie spürt ihre geschwollene, feuchte, heiße Scheide. Sie presst die Beine zusammen, weigert sich nach dem, was sie gerade gesehen hat, Erregung zu empfinden. Ihr Körper windet sich. Sie schiebt die Hand in die Unterhose, streichelt langsam die Klitoris. Marie ist gefügig, aber endlich allein. Er wird nicht mehr kommen.

AM SAMSTAG, BEVOR Marie wieder anfängt zu arbeiten, ist sie bester Laune, sie denkt kaum noch an den Zwischenfall vom Vorabend. Laurent betritt die Küche mit noch halb geschlossenen Augen. »Ich habe heute Nacht schlecht geschlafen, ich lege mich gleich noch mal hin.« Marie schlägt weiter das Rührei in der Pfanne. Das Kind ist seit ein paar Tagen sehr ruhig. Es hat zum ersten Mal durchgeschlafen. Heute Morgen gibt Laurent ihm das Fläschchen. Marie ist erleichtert. Sie kann sich nicht daran gewöhnen, sich um ihr Kind zu kümmern. »Baptiste hat mir gestern einen neuen Fall angeboten. Ein bisschen schwierig, ich weiß noch nicht, ob ich ihn annehme.« Marie hört ihrem Mann gerne zu, wenn er von seinen aktuellen Gerichtsakten erzählt. Die Erbschaftsstreite sind oft langweilig, die Scheidungsprozesse erfrischender. »Es geht um einen Großunternehmer in der Telekommunikation. Seine Frau will sich scheiden lassen, sie beschuldigt ihn wegen Vergewaltigung einer Minderjährigen. Angeblich soll er einer Freundin seiner Tochter ein bisschen zu nahe gekommen sein. Immerhin schon dreizehn Jahre alt …« Zum zweiten Mal kreuzen sich ihre Wege bei diesem Thema. Das letzte Mal, als sie bei Paul waren. Marie schweigt, lässt ihn weiterreden: »Im Moment ist noch gar nichts bewiesen. Ich glaube, seine Frau inszeniert das nur, um ihn zu einer größeren Unterhaltszahlung zu zwingen. Die Mutter des betroffenen Mädchens ist eine sehr gute Freundin von ihr. Ich weiß nicht … Also wenn man ihm begegnet, er sieht nicht gerade aus wie jemand, der so was machen würde.«

»So was.« Sie denkt an ihren Direktor. Er sieht auch nicht gerade aus wie ein Vergewaltiger. »Und wie stellst du dir die Männer vor, die Frauen vergewaltigen? Mit Tätowierungen blutender Vaginen auf der Schulter oder Hakenkreuzen um den Hals?« Überrascht von ihrer aggressiven Reaktion sieht ihr Mann unwillkürlich von seiner Kaffeetasse auf. Marie ist schockiert von ihren Worten. Sie hat nicht nachgedacht. Sie dreht sich um und bereut mit einem Mal, dass sie sich dazu hat hinreißen lassen. Sie muss sich jetzt zusammennehmen, überlegen, was sie sagen soll, keinen Verdacht erregen. Sie schwächt es ab, greift ihre Worte noch einmal auf, um sie zu verharmlosen, lächelt ihren Mann an, schiebt die Eier auf den Teller und wechselt das Thema. Er hört nicht mehr zu. Er hat es schon vergessen.

Während Marie mit ihrem Kinderwagen die Supermarktgänge entlanggeht, muss sie wieder an ihre Reaktion von heute Vormittag auf Laurents Mandanten denken. Sie glaubt, dass ihm bald etwas auffallen wird. Das Regal mit den Vitaminen und Nahrungsergänzungsmitteln ist bis oben hin vollgepackt mit hunderten Packungen verschiedener Sorten. Marie will unbedingt die überflüssigen Kilos loswerden, wieder die schlanke, verführerische Frau sein, die sie vor der Schwangerschaft war. Eine alte Dame neben ihr ist gerührt von Thomas. Jedes Mal, wenn sie das Haus verlassen, hat er sein kleines Erfolgserlebnis. Die Fragen sind immer die gleichen: sein Alter, seine Nächte ... Das Bio- und Vitaminregal wird von mehreren Frauen in Beschlag genommen. Die meisten sind dick, bleiben vor den Schlankmacher-Pillendosen stehen, reißen ungeniert große Packungen Hyperproteinpulver an sich, werfen lange Pakete mit kalorienarmen Mahlzeitersatz-Riegeln in den Einkaufswagen. Marie ist ein wenig skeptisch und fragt sich, ob diese Produkte tatsächlich wirken. Es ist ihr peinlich, in diesem Teil des Supermarkts zu sein. Vor der Geburt ihres Sohns hätte sie sich hier keine Sekunde aufgehalten, hätte sich sogar ein wenig lustig gemacht über die armen übergewichtigen, stinkfaulen, plumpen Frauen, die vielleicht darauf hoffen, ihrem Ehemann noch zu gefallen, wenn er abends von der Arbeit nach Hause kommt. Marie sucht die Regale ab, geht bis zum Ende der Auslage. Sie weiß nicht, welche Marke sie nehmen soll, sucht ihren Einkaufszettel. Nichts.

Plötzlich merkt Marie, dass sie ihre Handtasche am Supermarkteingang vergessen hat, als sie sich einen Einkaufskorb genommen hat. Sie läuft eilig zur Kasse, durchquert die Gemüseabteilung, voller Angst, dass ihr vielleicht alle ihre Sachen gestohlen worden sind. »Entschuldigen Sie, haben Sie eine Handtasche gefunden? Ich habe sie versehentlich am Eingang vergessen. Sie ist aus rotem Leder.« Die Sicherheitskraft sieht sie schweigend an. Der Mann macht eine Vierteldrehung und zieht aus einer Plastikkiste Maries Tasche hervor. Sie ist erleichtert. Zwei Tage vor ihrem Wiedereinstieg in die Bank ihre Sachen zu verlieren, ihren Terminkalender, ihr Handy, wäre unerträglich gewesen. Sie geht langsam zurück ins Geschäft, ihre Tasche hängt fest über der Schulter.

In der Warteschlange vor der ersten Kasse begegnet sie dem Blick der alten Dame, die vorhin kurz bei Thomas stehen geblieben ist. Das Baby. Sie hat das Baby vergessen. Sie reißt die Augen auf, der Magen dreht sich ihr um, der Raum verformt sich unter ihren Füßen. Marie stürzt los, rennt voller Panik, außer Atem, muss den Kinderwagen und ihr Baby wiederfinden. Alle sehen sie komisch an. Sie erreicht das Bioregal, wo sie Thomas das letzte Mal gesehen hat. Kein Kinderwagen. Eine riesige Welle des Entsetzens erschüttert sie. Sie läuft jeden Gang ab, springt hoch, dreht sich nach allen Seiten, schreit. Eine Angestellte wird auf sie aufmerksam, fragt, was los ist. »Ich habe mein Baby verloren! Ich weiß nicht, ich war nur kurz weg, und jetzt ist der Kinderwagen nicht mehr da! Helfen Sie mir, bitte!« Das junge Mädchen, das aussieht, als sei sie noch eine Praktikantin, eilt mit langen Schritten zur Kasse.

Überrascht über die beiden völlig aufgelösten Frauen spitzen die Kunden in der Warteschlange die Ohren, um zu erfahren, was hinter der Aufregung steckt. Die Praktikantin reißt das Mikrofon der überrumpelten Kassiererin an sich: »Ich bitte um Ihre Aufmerksamkeit. Eine Mutter sucht ihr Baby, es war vor wenigen Minuten noch hier im Geschäft. Wenn Sie einen grauen Kinderwagen zwischen den Regalen sehen, geben Sie uns bitte sofort an der Kasse Bescheid. Ich bitte um Ihre Mithilfe, das ist ein Notfall. Ich wiederhole, eine Mutter sucht ihr Baby ...« Marie spürt, wie ihr Körper sie im Stich lässt. Wenn sie das Kind nicht findet, wird Laurent ihr diese Nachlässigkeit niemals verzeihen.

Nach der Durchsage scannt die Kassiererin wieder Artikel ein. Das Leben geht weiter. Der Filialleiter erscheint. »Ich habe die Durchsage gehört, wir können die Polizei rufen, wenn Sie möchten ...« Marie weiß es nicht, sie weiß gar nichts mehr. Man nimmt sich ihrer an. Sie ist erstarrt, niedergeschlagen, steht unter Schock, ihre Hände fallen ins Leere, ihre Schultern sacken nach unten. Vielleicht ja. Vielleicht nein. Sie muss eine Entscheidung treffen, die Zeit läuft davon. Man wird eine Warnung wegen Kindesentführung senden. Laurent wird es sicher im Fernsehen erfahren. Als sie dem Filialleiter in sein Büro folgt, hört sie von weitem jemanden rufen: »Es ist hier! Das Baby ist hier, ich bin bei ihm.« Marie dreht sich um. Eine große blonde Frau um die fünfzig steht mit dem Kinderwagen an der Kasse. Sie schwenkt die Arme. Marie bleibt einige Sekunden reglos stehen, dann rennt sie zu ihr. Sie drückt die Frau an sich, dankt ihr von ganzem Herzen, wiederholt immer wieder dieselben Worte. Nach einigen genaueren Erklärungen, wie es zu diesem plötzlichen Verschwinden kommen konnte, nimmt Marie den Kinderwagen wieder an sich. Nur fünf Minuten sind vergangen. Alle Kunden im Geschäft starren sie an. Manche tuscheln, als sie vorbeigeht. Missbilligende und verächtliche Blicke richten sich auf sie. Sie schämt sich und verschwindet, zieht es vor, auf ihren Einkauf zu verzichten.

Auf dem Heimweg lächelt Thomas seine Mutter an. »Ich hätte dich heute fast verloren … hätte dich fast verloren.« Diese Worte erleichtern sie seltsamerweise, brechen das Schweigen zwischen ihr und ihrem Sohn. Normalerweise redet sie nicht mit ihm, hält lieber genügend Abstand, will nicht riskieren, dass sie sich näherkommen.

Laurent sitzt immer noch im Schlafanzug auf dem Wohnzimmersofa. Er arbeitet am Computer. Erstaunt dreht er sich zu seiner Frau um. »Ist alles in Ordnung? Du hast ja gar nicht eingekauft!« Marie legt ihre Sachen in der Diele ab, um sich in Ruhe eine Antwort zurechtzulegen: »Nein, der Supermarkt an der Charonne war geschlossen. Ich gehe heute Abend zu dem an der Bastille.« Laurent steht auf und hebt Thomas aus dem Kinderwagen. Er küsst ihn auf die Wangen und riecht an seiner Windel. »Ah, er muss gewickelt werden.« Das weiß Marie, aber sie ist schon im Schlafzimmer verschwunden, um sich in die Kundendokumente zu vertiefen, die Hervé für sie vorbereitet hat. Montag ist ein wichtiger Tag. Sie fängt endlich wieder an zu arbeiten, Thomas kommt in die Krippe, und Laurent übernimmt die Verteidigung in einem neuen Gerichtsprozess. Alles wird wieder wie früher.

MARIE BRINGT IHREN Sohn gerne in die Krippe. Sie hat das angenehme Gefühl, ihn loszuwerden. Die Erzieherinnen kümmern sich sofort um Thomas, wechseln ein paar Worte mit ihr und lassen sie, erleichtert von der schweren Last, die dieses Kind für sie bedeutet, gehen. Im Gegensatz zu den anderen Mamas, die sich schuldig fühlen und ihr Baby vor dem Gehen mit tausend Küssen bedecken, verschwindet Marie so schnell, wie sie gekommen ist. »Ich bin spät dran.« Ihr Lieblingssatz am Morgen. Der kleine Thomas verlässt die Arme seiner Mutter, folgt ihr mit den Blicken in den Flur. Da ist sie schon weg.

Marie war das letzte Mal in der Bank, als ihre Kollegen den Umtrunk organisiert haben, um auf Thomas anzustoßen. Diesmal erwartet sie niemand auf der Außentreppe. Sie hatte schon damals einige Veränderungen an der Büroeinrichtung bemerkt. Kaffeemaschinen in den Wartezimmern, große Sofas anstelle der unnachgiebigen Plastikstühle, hohe Glasfenster als Türen in allen Büros, ein großer, ehemals geschlossener Raum wurde in ein Open-Space-Büro umgebaut, um studentische Kunden zu empfangen. Innerhalb weniger Monate hat die Bank beschlossen, sich zu modernisieren.

Hervé kommt auf Marie zu und bringt ihr einen Kaffee. »Na, heute ist dein großer Tag, ich hoffe, du bist nicht allzu gestresst?« Zwei junge Frauen sehen zu ihnen herüber und lachen. Marie dreht sich um, hält ihren Blicken stand. »Ach ja, die sind neu. An manchen Dossiers muss man jetzt im Zweierteam arbeiten ... Das ist diese Unternehmenspolitik der gegenseitigen Unterstützung zwischen den Älteren und den Jüngeren. Erfahrungstransfer!« Sie ist nicht alt, gerade mal zweiunddreißig, und man zwingt sie schon jetzt in die Rolle der kaufmännischen Angestellten, die von der Technologie überholt wird und die Gepflogenheiten der »jungen Generation« nicht mehr kennt. Ihre Kunden sind doch sowieso alle alt. Alte Reiche mit Vermögen und Aktien. Die jungen Kunden sind in der Regel knapp bei Kasse, überziehen am Monatsende ihr Konto, nehmen jahrelang das Basisangebot in Anspruch, bei dem sie eine Karte zum Geldabheben bekommen und in der Regel nur von einer Beraterin am Telefon oder im Internet betreut werden.

Marie weiß, dass die ersten Wochen schwierig werden. Sie geht in ihr Büro. Die Glastür ist ihr unangenehm. Sie hat das Gefühl, sie wird beobachtet, hinterlistig überwacht. Alle scheinen sich daran gewöhnt zu haben. Ihr E-Mail-Postfach meldet einige Erinnerungen der Personalabteilung wegen ihres Wiedereinstiegs, ein paar Formulare sind auszufüllen. Sie rollt mit dem Finger über das Rädchen an der Computermaus. Sie überfliegt die Nachrichten. Sie hält inne. Er hat es schon wieder gewagt: »Wir wünschen Marie heute einen schönen Wiedereinstieg!« Die E-Mail vom Direktor ging an den gesamten Betrieb. Ihre Hände schweben regungslos über der Tastatur, Marie versucht sich zusammenzunehmen. Sie löscht die Nachricht sofort.

Plötzlich betritt eine junge Frau ohne anzuklopfen ihr Büro. Sie hält einen Stapel farbiger Akten unter dem Arm, den sie auf Maries Schreibtisch legt. »Hey, ich bin Mathilde, duale Auszubildende im International Commerce. Wir arbeiten bei den Immo-Dossiers im Zweierteam. Hier sind die Dokumente, wenn du magst, können wir diese Woche ja mal zusammen Mittag essen, um die Details abzuchecken und uns kennenzulernen.« Ihre Sprache irritiert Marie, aber sie lässt sich nichts anmerken. Ihr lolitahaftes Aussehen verstört sie. Ihr wohlgeformter Po, die straffen Brüste, ihr Duft nach Himbeeren und Pfirsich, die weiße, vollkommen glatte Haut. Sie denkt an den pornografischen Film, den ihr Mann angesehen hatte, als sie ihn beim Masturbieren ertappte. Dieses Mädchen würde genau den Auswahlkriterien entsprechen. Plötzlich überkommt sie leichte Eifersucht. In einem ungezwungenen Tonfall nimmt Marie ihr Angebot zum Mittagessen an, dann bittet sie Mathilde, sie zu entschuldigen, da gleich ihr erster Termin auf sie warte.

Sie kennt Herrn Geignard sehr gut, ein Stammkunde der Bank, der schon im Ruhestand ist und gerne an der Börse spekuliert. Marie öffnet die Software für die Kundenkarteien. Eine Fehlermeldung erscheint. Sie versucht es noch einmal. Wieder eine Fehlermeldung. Sie steht auf, will Hervé um Rat fragen, aber er ist schon in einem Kundengespräch. »Hey, alles klar, hast du eine Frage?« Die Lolita. Marie ist es unangenehm, sich von einer Angestellten helfen zu lassen, die gerade frisch aus der Pubertät kommt, erklärt ihr schließlich aber doch das Problem. »Ach ja, ich habe gehört, dass ihr früher die H5 benutzt habt. Aber die Banken haben ihr System alle schon seit einer Weile auf H6 umgestellt. Die andere Version war zu langsam. Aber mach dir keine Sorgen, ich zeig dir, wie's geht.« Wie konnte die Bank diese Änderung so abrupt vornehmen, ohne wenigstens die alte Version zu behalten und den Mitarbeitern Zeit zu geben, sich an den Wechsel zu gewöhnen? Mathilde begleitet sie in ihr Büro. Marie fühlt sich wie eine Behinderte; bei jedem Handgriff auf Hilfe angewiesen, überholt von den schnellen technologischen Veränderungen, ohne Ausbildung oder Kenntnisse, gut für die Tonne. Eine dumme, alte Zweiunddreißigjährige, die die Ratschläge einer jungen Zweiundzwanzigjährigen befolgt.

Den ganzen Tag wird Marie die Unterstützung ihrer Kollegen benötigen. Nach den langen Monaten Mutterschaftsurlaub schafft sie es nicht einmal mehr, alleine zurechtzukommen.

Heute Abend wollen sie einen Film ansehen und früh schlafen gehen. »Wie war denn dein erster Arbeitstag?« Sie belügt ihn. Marie will nicht die Achtung ihres Mannes für ihre berufliche Kompetenz verlieren. Die Metrolinie 9 ist heute ausgefallen. Deshalb wollte sie seit langer Zeit einmal wieder den Bus nehmen. Aber als er anhielt, um die Fahrgäste einzusammeln, hatte sie sich abgewandt und beschlossen, zu Fuß nach Hause zu gehen. Auf dem Heimweg überlegte Marie plötzlich, alles hinter sich zu lassen. Sie würde ihrem Mann und ihrem Sohn nur eine kurze Erklärung schreiben, ein Taxi zum Bahnhof oder zum Flughafen nehmen und mit wenig Gepäck wegfahren. Sie weiß, dass sie sich vorerst nicht das Leben nehmen kann. Selbstmord erfordert einen Augenblick echten Mutes. Dazu ist sie nicht in der Lage.

Während sie brav neben ihrem Mann sitzt, denkt sie plötzlich, dass sie das perfekte Beispiel für das ist, was die Gesellschaft missbilligt: eine schwache, feige, dicke Frau, die ihr Kind nicht liebt, ihre Familie im Stich lassen will, sexuell kaum aktiv ist, ineffizient und überfordert im Beruf, und schon zu alt. Ein Werbespot für Toilettenpapier wird ausgestrahlt, beschwingt von der lebhaften Melodie einer Wagnerkomposition. Eine Frau reibt ihr Gesicht an einem rosafarbenen Stück Toilettenpapier, um dem Fernsehzuschauer zu demonstrieren, wie angenehm und zart es sich anfühlt. Plötzlich hüllt ein Schein ihren Körper in Licht, trägt sie in einen türkisblauen Himmel mit großen, weißen Wolken, dann wickelt sich das Papier sachte um einen bunten Blumenstrauß. Marie seufzt. Laurent reißt die Chipspackung auf dem Schoß auf. »Also wirklich, Wagner für eine Klopapierwerbung, was Besseres ist denen nicht eingefallen?«

Der Film beginnt. Sie hat darauf bestanden, noch einmal ihren Lieblingsfilm *All About Eve* zu sehen, nur um zum hundertsten Mal die meisterhafte Darbietung von Bette Davis zu erleben. Eine Frau, der sie immer hatte ähneln wollen: hübsch, einflussreich, ehrlich, leidenschaftlich, verliebt, aufbrausend, arrogant und hysterisch, melancholisch und empfindsam zugleich. Margo Channing ist DIE Frau, eine einzigartige Filmfigur, die niemals altern wird. Der Film zieht sie förmlich in seinen Bann. Laurent schlägt sich den Bauch mit Chips voll, die er in Guacamole tunkt. Er wollte seiner Frau eine Freude machen. »Man merkt, dass du nicht weißt, was es heißt, eine Frau zu sein.« Dieser Satz bohrt sich in Maries Herz. Ihre Hände verkrampfen sich, Tränen laufen ihr über die Wangen. Sie hat das Gefühl, diese Szene wird nur für sie gespielt. »Ein bisschen hysterisch ist sie ja schon ... Der Arme.« Männer wie ihr Mann wollen vor allem ihre Ruhe haben. Der arme Mann, der arme Gatte, aus der Bahn geworfen von den Krisen seiner Frau, die sich, so wie sie ist und denkt, zu behaupten versucht. Mit ihrem Geist, ihrem Körper und ihrer Stimme. Sie sorgen gerne für ihre Gattin, lassen ihr etwas Freiraum, damit sie Zugang zu den Freuden moderner Unterhaltung hat, der Arbeit zum Beispiel oder einem »Gläschen mit Freundinnen«. Die Macht, die ein Mann über seine Frau ausübt, wird vertuscht, ja sogar umgekehrt. Frauen, die Freiheit gewährt bekommen, finden sie plötzlich ungerechtfertigt, genießen es, hin und wieder zurückzurudern und sich erneut in die behagliche Abhängigkeit zu begeben.

Die Falle schnappt wieder zu. Der Film ist zu Ende. Sie werden kommentarlos ins Bett gehen. Es gibt nichts mehr zu sagen.

Er schnarcht. Sie schläft nicht, starrt die Schlafzimmertür an. Sie hat ein Schloss. Noch nie ist sie auf die Idee gekommen, die Türen in der Wohnung abzuschließen. Alles ist offen, wie ihr verglastes Büro in der Bank. Sie hat keinen einzigen persönlichen, abgeschlossenen Bereich. Ständig wird sie gestört, nie hat sie Zeit nachzudenken. Selbst im Bett murrt ihr Mann neben ihr. Das Kind schreit seit zehn Minuten. Laurent wird erst langsam wach, klopft seiner Frau unbeholfen auf die Schulter, damit sie aufsteht. Heute ist sie dran. Wie schwer es ihr fällt, den ersten Fuß auf den Boden zu setzen! Thomas liegt fast nackt in seiner Wiege. Seine Strampelhose hat er auf den Teppich geworfen. Marie sammelt die Sachen ein, um ihn wieder anzuziehen. Sie schiebt seine kleinen Hände durch die Ärmel, hält seinen Kopf, damit er nicht zappelt. Er kratzt sie an der Brust, tritt sie am Kinn. Sie lässt ihn abrupt los, nach hinten auf das dicke Kissen fallen. Er weint wieder, aber seiner Mutter tut es nicht leid. Sie möchte nur, dass er leise ist. Sie wickelt ihn in die Decke, die Irène letzten Monat für ihn gestrickt hat. Sie geht im Flur auf und ab, wiegt ihn minutenlang, schüttelt ihn. Sie hasst es, mit ihrem Sohn alleine zu sein. Im Gebäude gegenüber sind alle Lichter aus. Es ist 3 Uhr morgens. Auf dem Boulevard Voltaire ist es still, nur ein paar Roller sind noch im gelben Licht der Straßenlaternen unterwegs.

Marie will die Ruhe genießen und geht zum Balkon. Das war ihre einzige Bedingung, als sie die Wohnung gekauft haben. Sie wollte eine Terrasse oder einen Balkon, um im Sommer ihren Kaffee draußen trinken zu können. Sie öffnet die große Glastür. Ein kühler Luftzug streift ihren Körper. Thomas zuckt schaudernd zusammen. Sie tritt hinaus, das Kind im Arm. Sie sieht nach unten. Die Balkone sind groß, aber verlassen. Sie sieht ihren Sohn an, er lächelt. Der Himmel ist schwarz. Alle Gittertüren vor den Geschäften sind heruntergelassen, morgen wird das Leben wieder seinen Gang gehen. Doch wie? Sicher wie bisher. Sie wickelt ihn aus der Decke und lässt sie auf den Boden fallen, setzt langsam den Fuß auf die unterste Eisenstange des Balkons. Sie steht etwas erhöhter. Thomas bleibt ruhig, spielt mit den Schlafanzugknöpfen seiner Mutter. Sie setzt ihn senkrecht auf den Balkonrand. Dritter Stock. Fast geräuschlos wird er am Boden aufschlagen. Die kleinen Knochen werden in Sekundenschnelle brechen, das Fleisch wird unter dem heftigen Aufprall sofort abplatzen. Er wird nicht leiden, seine Mutter muss nur den Blick von den sterblichen Überresten ihres Kinds abwenden. Dann kann Marie das Haus verlassen und flüchten, ohne zu riskieren, noch einmal umzukehren. Sie will es jetzt zu Ende bringen und ihn vom Balkon werfen. Sie beugt sich halb in die Tiefe und stößt ihn zaghaft an, damit er langsam abrutscht, schließt die Augen. Sie legt die Hände auf seinen runden, von der warmen Milch noch geblähten Bauch. Sie hört Geräusche hinter sich. Ihr Mann ruft sie. Marie schlägt die Augen auf. Sie nimmt das Kind schnell wieder in den Arm und hebt die Decke vom Boden auf, um es zuzudecken. Laurent ist am anderen Ende des Wohnzimmers. Einen Moment steht er reglos da, sieht seine Frau an. »Was machst du denn da draußen? Hast du sie nicht mehr alle? Thomas erkältet sich doch! Komm sofort rein!« Er rennt auf sie zu. Laurent will das Kind an sich reißen, aber sie dreht sich heftig weg. »Lass mich gefälligst! Ich wollte nur kurz frische Luft schnappen, atmen darf ich ja wohl noch, oder ist das jetzt etwa auch verboten?« Laurent weiß nicht mehr, was er machen soll.

Vielleicht ist er seit Thomas' Infektion zu streng mit Marie, macht ihr wegen jeder Kleinigkeit Vorwürfe. Wütend, mit großen Schritten geht sie ins Kinderzimmer, legt das Baby in die Wiege.

Laurent entschuldigt sich dafür, dass er die Beherrschung verloren hat, er wollte sie nicht verletzen: »Ich weiß, dass du eine gute Mutter bist. Aber manchmal habe ich das Gefühl, irgendetwas hat sich verändert. Wir reden kaum noch miteinander. Jetzt sagst du bestimmt gleich, dass ich zu viel arbeite, aber weißt du ...« Marie hört ihm nicht mehr zu. Die Worte verfliegen. Sie bereut, dass sie so feige ist, es nie schafft, auf langer Strecke durchzuhalten. Sie erträgt ihre Schwäche, dass sie es nie zu Ende bringt, nicht mehr, diese winzigen Millionstelsekunden, in denen sie ihr Kind in die Tiefe hätte stoßen, auf das Geländer steigen und springen oder hinuntergehen und flüchten können. Stattdessen sitzt sie wieder in diesem Bett fest. Das Bett, in das sie sich nach ihrer Vergewaltigung geflüchtet hat.

Laurent berührt sie an der Brust. Er will sich versöhnen. Er will Frieden schließen. Er glaubt, dass nur Sex ein Beweis für aufrichtiges Glück ist. Marie lässt es geschehen. Soll er doch machen. Soll er sie doch vögeln, wie er will, in alle Öffnungen, wenn es sein muss, danach wird er den Verdacht gegen seine Frau vergessen haben. Er wird die flüchtige Angst, dass sie ihren Sohn aus dem dritten Stock schmeißen könnte, vergessen. Denn tief in seinem Herzen weiß er: Irgendetwas stimmt nicht. Etwas, das er noch nicht versteht und weder sehen noch zugeben will. Das Licht brennt. Der Ehemann will seine Frau sehen, wenn er in sie eindringt. Drückt immer wieder auf den Lichtschalter, den seine Ehefrau jedes Mal auszuschalten versucht, um nicht bei ihrem eigenen Verfall zusehen zu müssen. Er legt die Hände auf ihre Hüften, streichelt ihr über den Bauch, spreizt ihre Beine, dann beugt er sich über ihre Scheide. Ihr Verlangen nach ihm widert sie an. Sie kämpft, um trocken zwischen den Schenkeln zu bleiben. Sie ringt mit aller Kraft darum, die Tragik in den Sekunden, als sie ihren Sohn töten wollte, aufrechtzuerhalten, den krankhaften Sexualtrieb zu unterdrücken, der hinterhältig ihren Unterleib ergreift. Sie dreht sich um und küsst ihn. Laurent ist überrascht. Vom Mord zur Liebe, vom Blut zum Sperma, vom Tod zum Verlangen, der Körper gewinnt immer die Oberhand. Erschöpft, penetriert, mit leidendem Körper, schmerzenden Gliedern von Laurents Bewegungen auf ihr, hechelt Marie wie eine brave, kleine Hündin. Wozu ist Frieden gut, wenn er nur Hass schürt. Laurent und Marie bleiben weder Harmonie noch Beruhigung, keine Erholung und kaum Vernunft. Sie bezahlt. Sie gibt. Sie bläst ihm einen. Und wenn es keine Waffenruhe gibt, zieht sie die Gewalt eines Krieges der Schwäche des Friedens vor. In einem letzten Aufblitzen ihres Bewusstseins, kurz vor dem Einschlafen fällt ihr endlich das Wort »Frau« ein.

MARIE HAT KEINE Lust, sich um den kleinen Thomas zu kümmern. Sie hat sich ja gerade deshalb einen Tag freigenommen, um alleine zu sein und am frühen Morgen einen Einkaufsbummel zu machen. Gestern hat sie ein bisschen im Internet recherchiert, wo sie sexy Damenwäsche kaufen kann. Trotz ihrer breiten Hüfte, und obwohl sie ihren Körper seit der Schwangerschaft hasst, ist sie endlich bereit, sich um Laurent zu bemühen, und ihr letzter Geschlechtsverkehr hat sie darin bestärkt, mehr guten Willen zu zeigen. Sie möchte ihn überraschen. Wenn er nach der Arbeit nach Hause kommt, wird sie auf dem Wohnzimmersofa, nur mit ihren neuen Dessous bekleidet und einem Champagnerglas in der Hand, auf ihn warten, sinnlich auf ihn zugehen, um ihm erregende Worte ins Ohr zu flüstern. Sie werden wieder glücklich sein. Der Rest wird vergessen.

Als sie vor dem Geschäft in der Rue des Orfèvres ankommt, bleibt sie einen Moment regungslos vor der Glasscheibe stehen. Die Schaufensterpuppen, auf denen die Damenwäsche ausgestellt ist, sind sehr dünn. Sie ist dick, niemals wird sie auch nur mit einem Bein in einen der Stringtangas passen. Sie atmet tief durch, dann beschließt sie, in den Laden zu gehen. Die Verkäuferin eilt sofort herbei, um Marie ihre Hilfe anzubieten. »Guten Tag. Ich suche ein passendes Set. Schick und sexy.« Plötzlich überkommen sie Zweifel. Angesichts der pornografischen Filme, die Laurent gefallen, ist sie sich nicht mehr so sicher, ob die Kombination »schick und sexy« wirklich den Fantasien ihres Ehemannes oder irgendeines anderen Mannes entspricht. Die Verkäuferin zeigt ihr zwei Sets aus schwarzer und violetter Spitze. Marie lehnt ab, holt ihr Handy aus der Tasche und schiebt einen Notfall vor. Sie entschuldigt sich, sagt, sie komme später wieder. Ein schickes Dessous-Set wird Laurent nicht erregen.

Sie steigt wieder in die Metro, um in den Norden von Paris zu fahren, bis zur Station Pigalle. Die Touristen schlendern gerne durch die breiten Avenues im 18. Arrondissement, gehen zu den Geschäften am Montmartre-Hügel hinauf, genießen die großen Brasserien. Marie hat sich noch nie vorstellen können, in diesem Viertel zu wohnen. Das ist nicht die Art von Geschäftigkeit, die sie mag. Auf dem Boulevard Clichy ist wenig los. Es ist erst 10 Uhr morgens. Aber einige Stammkunden im großen Club Vidéo X stehen sich schon vor dem Kino die Beine in den Bauch und warten ungeduldig auf die erste Vorstellung. Marie weiß, dass sie in dieser Ecke von Paris niemandem begegnen wird, den sie kennt. Sie will nicht ins Sexodrome, den riesigen Erotiksupermarkt direkt an der Ecke. Sie will lieber etwas Kleineres, Intimeres. Das Ladenschild Hot Pussy weiter oben an der Straße spricht sie an. Große, rote Glitzervorhänge schmücken das Schaufenster, das eher wie der Eingang zu einem Nachtlokal als zu einem Sexshop aussieht. Sie späht verstohlen durch den Vorhangschlitz und sieht zwei Frauen am Ladentisch miteinander sprechen. Sie sehen recht nett aus. Marie beschließt hineinzugehen. Ein schrilles Klingeln, wie in den Haushaltswarenläden auf dem Land, kündigt den Verkäuferinnen ihr Eintreten an. Große Stille breitet sich aus. Mit ihren schlichten, polierten Mokassins, ihrer Luxushandtasche und ihrer eleganten, sportlichen Bluse entspricht Marie nicht gerade der üblichen Kundschaft. Sie will umkehren, aber eine Verkäuferin kommt auf sie zu, als würde sie die Königinmutter persönlich in ihrem Sexshop empfangen: »Guten Tag. Womit kann ich Ihnen dienen?« Marie bemerkt die bemühte Ausdrucksweise, und beschließt, genauso höflich zu antworten: »Guten Tag. Ich möchte eine Schulmädchenuniform kaufen.« Wieder breitet sich Stille aus. »Und wenn möglich, als farblich passendes Set.«

Die leitende Verkäuferin bittet Marie, ihr ins Untergeschoss zu folgen. An den Kleiderbügeln hängen hunderte Uniformen. »Wir haben eine große Auswahl an Schulmädchenuniformen. Es gibt rote, blaue und grüne Schottenmuster. Die Auswahl ist riesig, aber wenn ich mir eine Empfehlung erlauben darf, ich denke, rot würde Ihnen am besten stehen.« Marie fühlt sich geschmeichelt. Sie bemerkt an der Seite des großen Raums eine abgegrenzte Ecke aus rotem Stein, die von mehreren grünen und rosa Neonlichtern beleuchtet wird. Die Verkäuferin erklärt ihr, dass dort die Video- und Peepshow-Kabinen sind. Marie ist neugierig und fragt, was das genau ist. »In der einen Kabine tanzt ein Mädchen, die Männer sitzen auf der anderen Seite und schauen zu. In den anderen Kabinen laufen nur Pornos.« Marie wird plötzlich bewusst, wie einfach und oberflächlich die männliche Sexualität ist. Mit den Frauen als Lustobjekt, die nackt in einem Käfig tanzen, den Pornos, die kleine, geile Schulmädchen in Szene setzen, den Krankenschwestern- und Polizistinnen-Uniformen, den als Geschenk verpackten Frauen, den Kleidern, Röcken, Strümpfen, dem Lack. Ihr gegenüber spiegelt ein ganzer begehbarer Kleiderschrank wider, was die meisten Männer vom Sex erwarten. Sie wollen nachmachen, was ihnen an den pornografischen Filmen, die sie sich ansehen, oder an den Sexanzeigen im Internet gefällt, die in neunundneunzig Prozent der Fälle ein Mädchen zur Schau stellen, das nie ganz nackt ist. Die Fantasie eines unverhüllten

Körpers weckt im Mann Verlangen, aber macht nicht unbedingt Lust, sofort zur Tat zu schreiten. Aber ein Mann will nun einmal schnell einen Ständer kriegen, das beruhigt ihn. All das passt zu ihrer Vergewaltigung. Der Sex, die Gewalt, die Unterwerfung, die Pornografie. Marie hat nie nach einer Erklärung für ihren Missbrauch gesucht. In diesem Sexshop, umgeben von Zubehör, das überwiegend auf die männliche Befriedigung abzielt, fragt sie sich wütend, wie viele Männer auf der Welt in diesem Augenblick eine Frau vergewaltigen. Männer, die andere ohne Reue missbrauchen. Ihr Blick ruht einen Moment auf einem kleinen, alten Mann, der aus einer der Kabinen kommt. Er hält den Kopf gesenkt, sieht ein wenig traurig aus, wie jemand, der gerade einen Orgasmus hatte. Er tut Marie leid. Die negativen Assoziationen lösen sich auf. Sie denkt zu negativ, differenziert nicht mehr, ihre Theorien sind verworren. Die knappe Schulmädchenuniform immer noch in der Hand, kommt sie wieder zu sich: »Also gut, ich nehme diese hier, wo sind denn die Umkleidekabinen?« Etwas betreten antwortet ihr die Verkäuferin, dass es nur drei Größen gibt und sie die Uniform nicht anprobieren kann, ohne sie danach auch zu kaufen. Marie nimmt die Größe M. Sie weiß, dass der Minirock sicher ein bisschen spannen wird, aber noch weigert sie sich, die Größe L zu nehmen. Das ist rein psychologisch.

Als sie wieder im Erdgeschoss sind, bietet ihr die andere Verkäuferin, eine dicke Brünette, die eine zu eng anliegende Hüftjeans trägt, die passenden Accessoires zu ihrer Uniform an: Schülerinnenbrillen, Lutscher in Penisform, billige, weiße Strümpfe, rote Haarschleifen, Vibratoren im Schottenmuster. Marie nimmt den Lutscher und die rote Haarschleife. Die beiden Verkäuferinnen danken ihr für ihren Besuch und bieten ihr eine Treuekarte an, auf die sie den Stempel der

Marke Hot Pussy drücken, damit sie beim nächsten Mal einen Preisnachlass erhält. Marie ist zufrieden, bittet aber um eine Tüte ohne den Markennamen der Boutique. Sie reichen ihr eine große, schwarze, blickdichte Tüte ohne Aufschrift.

Als sie wieder zu Hause ist, will Marie die Uniform, die sie sich gekauft hat, anprobieren. Aber zuerst muss sie sich schminken. Sie hat noch nie ihre Gewohnheiten geändert. Immer natürlich und schlicht. Aber heute Abend will sie eine andere Frau sein, für ihren Mann wie eine Nutte aussehen. Die Augen schwarz umrandet, der Mund rot angemalt, der Teint in einem intensiveren Orange, das Haar mit der kleinen, roten Schleife zusammengebunden. Marie greift nach der großen Tüte auf dem Bett und packt ihre Einkäufe aus. Das bis zum Bauchnabel reichende Oberteil geht einigermaßen. Aber ihr üppiger Busen hängt bis zum Bauch, und die Schwangerschaftsstreifen, unauslöschliche Spuren ihres Unglücks, sind überall. Der Rock lässt sich nicht so leicht anziehen. Die Fettpolster an den Hüften verdecken den Gürtel zum Teil. Sie sieht aus wie eine fette Sau oder ein Transvestit, aber sicher nicht wie das hübsche Schulmädchen aus dem Film, den ihr Mann angesehen hat. In einem letzten Versuch zieht sie noch die zum Oberteil passende Krawatte an. Vor dem großen Spiegel fühlt sie sich lächerlich, sie steht da wie angewurzelt, unförmiger als ein Klotz. Sie weiß nicht, wie sie auf diese dumme Idee mit der Verkleidung gekommen ist. Wie andere Frauen in ihrem Alter hätte sie lieber bei »schick und sexy« bleiben sollen. Eingezwängt in die Uniform, versucht sie, alle Knöpfe wieder aufzubekommen, muss sich aber bäuchlings aufs Bett legen, um die Schnüre zu lösen. Sie dreht sich um, kämpft mit den Stofffetzen. Das goldene Herz am Gürtel platzt und fällt auf den Boden, die Schnürbänder am Rock reißen unter dem Druck ihres fetten Körpers.

Plötzlich hört sie, wie der Schlüssel in der Eingangstür umgedreht wird. Sie erstarrt. Sie erwartet niemanden. Mit einem Satz erhebt sie sich vom Bett, stolpert aber wegen ihres zu engen, mit Strapsen befestigten Rocks. Die Tür fällt ins Schloss, sie hört Laurent reden. Sie kriecht auf dem Boden herum, schafft es schließlich, sich vom Großteil ihrer Kleidung zu befreien. Sie greift schnell nach dem Morgenmantel im Badezimmer und geht zu ihrem Mann. Laurent packt eine Sushiplatte auf dem Wohnzimmertisch aus. Eine Frau spricht mit ihm, sie hat ihm den Rücken zugewandt und zieht ein paar Bücher aus dem Regal. Marie macht hüstelnd auf sich aufmerksam. Laurent dreht sich um, den Mund voll Sushi. Sein Blick gefriert. Stille breitet sich aus. Er erkennt sie nicht. »Marie? Was zum ... ähm ... Ich dachte, du bist nicht da.« Die Frau beäugt sie komisch. Marie hat vergessen, ihre Schulmädchenkrawatte abzunehmen, ein Stück hängt aus ihrem Morgenmantel heraus. Laurent sieht sie an. Er schämt sich für sie, beschließt aber weiterzureden, um die allgemeine Verlegenheit zu überspielen: »Wir sind hergekommen, weil ich heute Morgen meine Akte in der Küche vergessen habe, aber wir müssen gleich wieder in die Kanzlei. Ach ja, das ist Julia, meine neue Kollegin. Wir arbeiten zusammen an dem Fall, von dem ich dir erzählt habe.« Julia ist hübsch. Sie ist jung, rank und schlank, trägt ein beigebraunes, eng anliegendes Kostüm, das ihre Figur perfekt betont. Ihre langen, dunklen, zum Zopf zusammengebundenen Haare lassen ihren gebräunten Teint und ihre haselnussbraunen Augen heller erscheinen. Marie hält sich aufrecht. Tränen schnüren ihr die Kehle zu. Julia stellt sich vor, wagt es kaum, ihr in die Augen zu sehen, so unanständig ist ihr Make-up.

Marie beschließt, sich zurückzuziehen: »Gut, na, dann lass ich euch mal arbeiten. Ich habe auch noch viel zu tun. Hat mich gefreut, Sie kennenzulernen, Julia.« Als sie den Arm hebt, um sich von ihrem Mann zu verabschieden, rutscht einer ihrer Strümpfe zum Knöchel hinunter. Laurent schließt die Augen, bitter enttäuscht. Mechanisch zieht sie den schwarzen Strumpf wieder hoch zum Oberschenkel, hält ihn mit der Hand fest. Die Erbärmlichkeit der Situation erreicht ihren Höhepunkt, als sie im Flur den Penislutscher entdeckt, der ihr aus der Tasche gefallen sein muss. Zum Glück hat ihn niemand gesehen. Sie hebt ihn schnell auf und trippelt zurück ins Schlafzimmer. Sie schminkt sich ab. Die Wimperntusche bleibt in dicken Schichten auf dem feuchten Wattebausch hängen. Am Ende des Flurs hört sie Lachen. Sicher machen sie sich über sie lustig. Noch eine Demütigung mehr. Sie zieht sich aus und betrachtet ihren Körper. Ein Haufen totes Fleisch. Sie macht das alles nicht aus Verlangen. Sie muss alles verstecken, verbergen. Heute Abend holt sie Thomas von der Krippe ab. Die Zeit vergeht.

»SIE MÜSSEN EIN bisschen mehr Einsatz zeigen, Marie. Das reicht nicht. Hier, sehen Sie die Tabelle, Sie liegen weit hinter den Zielvorgaben.« Das Büro der Filialleiterin verfügt als einziges über eine undurchsichtige, geschlossene Tür. Ein Luxus, der keinen mehr kümmert, außer Marie. Die Arbeit bedeutet ihr immer weniger. Die Vorwürfe dringen nicht zu ihr durch. Sie versucht nicht einmal, sich zu verteidigen. Die Unterredung findet kurz vor Feierabend statt, damit sich Marie danach die ganze Nacht bis zum nächsten Morgen den Kopf darüber zerbrechen kann. Eine simple Methode harten Managements.

Nur Hervé geht nicht nach Hause: »Ich muss noch die Kundenkartei für morgen fertigstellen. Diesmal solltest du wirklich kommen.« Schon wieder eine Quartalskonferenz. Marie wird nicht hingehen. Sie weiß nicht, wie sie auf ein Widersehen mit dem Direktor reagieren würde. Vielleicht mit Angst, Trauer, Abscheu oder im Gegenteil mit Empathie und Vertrauen angesichts des Geheimnisses, das sie verbindet. Ihr Handy klingelt. »Denkst du daran, dass wir heute Abend im Train Bleu zum Essen verabredet sind? Hast du das Kindermädchen erreicht?« Marie interessiert sich für ihren Sohn nur, wenn sie sich ihren Mutterpflichten entziehen kann.

Wie jeden Abend nach der Arbeit kommt sie ein bisschen zu spät in die Krippe. In ihrem Vertrag mit der Kindertagesstätte steht, dass sie ihren Sohn um 19 Uhr abholen muss. Heute ist es schon 20 Uhr. Sie entschuldigt sich bei der Leiterin, die Thomas auf dem Arm hat. Die Frau mustert sie vorwurfsvoll. »Entschuldigen Sie, aber vielleicht sollten wir die tägliche Betreuungszeit im Vertrag um eine Stunde verlängern, dann könnten wir uns besser darauf einstellen. Sie verspäten sich jetzt nämlich diese Woche schon zum fünften Mal ...« Die Mütter sehen sie an. Nicht mitfühlend, nur anklagend. Marie ist eine schlechte Mutter, das weiß sie. Sie erwidert, dass sie mit ihrem Mann darüber sprechen wird, setzt Thomas in den Kinderwagen und geht. An der Türschwelle hört sie die Stimme der Erzieherin: »Und sein Kuscheltier?« Sie bleibt nicht stehen.

Marie erinnert sich nicht mehr genau, wann sie zum letzten Mal mit Laurent im Train Bleu zum Essen verabredet war. Bestimmt kurz nach ihrer Hochzeit. Als sie damals dort ankam, hatte sie sich gefragt, wie ihr Mann auf die Idee gekommen war, ein romantisches Rendezvous in der Bahnhofshalle des Gare de Lyon zu organisieren. An einem so lauten, oft schmutzigen Ort, an dem abends zwielichtige Leute verkehren. Von zwei Seiten führt eine große Treppe ins Restaurant mit dem blauen Eingangsschild, das die breiten darunterliegenden Arkaden beleuchtet. Mit einem Mal verschwindet der graue Alltag hinter der eindrucksvollen neobarocken Architektur. Das Glasdach des Bahnhofs, das auf breite, grüne Säulen gestützt ist, umgibt alles mit seinem altertümlichen Charme. Marie wird nie genug von den Pariser Brasserien bekommen. Auf der linken Seite des Saals entdeckt sie Laurent an einem der Tische. Er hat das Telefon in der Hand. Er steht auf und flüstert seiner Frau zu: »Ich muss den Anruf entgegennehmen, es ist sehr wichtig, ich bin gleich zurück. Bestell schon mal, Schatz. Einen Pouilly Fumé und für mich den Seeteufel in Butter.« Sie weiß, dass der Seeteufel eine gute Wahl ist, aber bleibt trotzdem lieber bei ihrem Lieblingsgericht: Hase auf königliche Art. Eine Erinnerung löst sich aus ihrem Gedächtnis. Früher kochte Marie gerne für Gäste. Sie war immer gut vorbereitet, wenn Freunde zum Essen kamen, und nahm sich Zeit, den Tisch schön herzurichten, verbrachte Stunden damit, in Einrichtungsgeschäften nach einem besonderen Dekorationsartikel zu suchen, der ins Auge fallen würde. Zu ihrer Hochzeit hatte ihre Mutter dem Paar eine vollständig ausgestattete Küche mit allem Zubehör und mehreren Rezeptbüchern geschenkt. Damals war Marie noch nicht Mutter. Sie dachte, sie mache das alles für sich, vielleicht auch ein bisschen für ihren Mann, aber vor allem, um ihrem Umfeld zu zeigen, wie gerne sie anderen eine Freude macht, etwas hergibt. Später, nach ihrer Schwangerschaft, war sie einmal auf die Idee gekommen, so wie früher ein großes Abendessen zu geben. Sophia kam in Begleitung ihrer Freundin Louise, einer Journalistin bei einer politischen Zeitschrift, die sie auf einem Ärztesymposium ihres Mannes zum Thema Beschneidung kennengelernt hatte. An diesem Abend hatte sich Marie vorgenommen, den Hasen auf königliche Art zuzubereiten, ein sehr schwieriges Gericht, vor allem beim Aufschneiden des Fleisches. In letzter Minute kann alles misslingen: Die Füllung kann herausfallen, das Küchengarn, das das Wild beim Schmoren zusammenhält, kann reißen, das zu dünn geschnittene Stück Stopfleber anbrennen. Auch die Soße ist nicht einfach, aber mit einem guten Stabmixer bekommt sie einen schönen Glanz, damit sie auf dem angerichteten Teller perfekt aussieht. Die Zubereitung von Wild ist immer sehr mühselig. Wenn sie eine solche kulinarische Herausforderung anging, begann sie normalerweise schon am frühen Morgen und stand bis zum Abend in der Küche. An Louises erstem Blick auf ihre schmutzige Schürze hatte Marie erkannt, dass sie zur anderen Gruppe gehörte: zur Gruppe Frauen, die nicht kochen, sondern arbeiten. Marie konnte nicht genau sagen, woran sie es gemerkt hatte, aber Louises wenn auch flüchtiges Urteil über ihre Stellung hatte sie wütend auf Frauen ihrer Sorte gemacht. Louise trug dick auf mit ihrer Bildung, steigerte die Wirkung ihrer Worte, um ihr Publikum zu beeindrucken, warf Marie an der Küchentür aufgesetzt freundliche Blicke zu. Marie hatte sich schließlich durchgerungen, die Grenze zwischen ihnen zu überwinden, so als müsste sie ein Minenfeld betreten. Marie hatte absolut keine Lust, diese falsche, unnatürliche Frau mit dem typischen Kleidungsstil einer Pariser Politikjournalistin kennenzulernen: Hornbrille im Haar, Herrensakko aus Tweed und Stiefeletten aus Wildleder. Schon damals war Marie eine völlig abgekämpfte, dicke Mutter mit trotz ständigem Waschen fettigem Haar, hochgekrempelten, unmodischen Blusen. Während des ganzen Essens heuchelte sie Ungezwungenheit, gab sich große Mühe, ihr Gesicht zu entspannen, damit man ihr die Abneigung nicht ansah, die der erste Eindruck bei ihr geweckt hatte. Die schreckliche Wahrheit der Hausfrauen tritt nur dann ans Licht, wenn sie ihren Feindinnen, den berufstätigen Frauen, unmittelbar gegenüberstehen.

Die riesige Uhr in der Mitte des Saals schlägt achtmal. Marie hat nicht einmal bemerkt, dass die Flasche Weißwein schon auf dem Tisch steht. Das Essen kommt. Sie weiß nicht, wie viel Zeit vergangen ist, als Laurent zurückkommt. »Ich muss nächste Woche für zehn Tage nach New York, um die amerikanischen Anwälte der Frau meines Mandanten zu treffen. Es tut mir wirklich leid, ich weiß, das kommt ungelegen, aber mir bleibt nichts anderes übrig. Wir können ja deine Eltern fragen, ob sie auf Thomas aufpassen, ich bin mir sicher, sie freuen sich. Es macht ihm doch bestimmt keinen Spaß, immer den ganzen Tag in der Krippe zu bleiben.«

Marie hat mit Laurent noch nicht darüber gesprochen, dass sie Thomas in letzter Zeit mehrmals zu spät abgeholt hat. Sie überlegt. Es sind nie schlechte Neuigkeiten, wenn sie alleine sein kann, und ohne ihren Sohn ist es sogar noch besser. Sie stimmt ihm zu und genießt ihr Essen in vollen Zügen, ein Vergnügen, das sie schon lange nicht mehr hatte. Die Soße ist ausgezeichnet. Das Fleisch ist weich. Sie weiß, dass sie nicht zur Arbeit gehen wird, solange ihr Mann weg ist. Sie wird zu Hause bleiben und ihre freie Zeit nutzen, um einmal nichts zu tun. Am Abend vor Laurents Abreise wird sie bei allen anrufen, um sich zu erkundigen, was es Neues gibt, und sicherzugehen, dass sie danach nicht gestört wird. »Wir müssen uns vergewissern, dass sie nichts hinter unserem Rücken planen. Der kleinste Fehler, und das war's. Wir haben so hart an diesem Fall gearbeitet.« Marie fragt Laurent, ob sein Chef ihn auf die Geschäftsreise begleitet. »Nein, ich fliege mit Julia.« Die bloße Erwähnung ihres Vornamens lässt Maries Glück zerplatzen, fegt die prunkvolle Einrichtung und die erlesenen Speisen weg, verdirbt den Ort, als würde man fässerweise Exkremente über die vergoldeten Wände schütten. Der Dreck sickert und läuft in die Leisten, die Stuckaturen brechen ein. Doch Marie hält auch diese Demütigung aus. Sie konzentriert sich lieber auf die Fallen, die ihrem Geheimnis gefährlich werden könnten. Wenn sich der Raum um sie herum schließt, wird sie sich verteidigen. Wenn sich neue Möglichkeiten eröffnen, wird sie vielleicht verrückt, bevor sie sich durchringt zu handeln.

LAURENT IST SEIT zwei Tagen weg. Marie hat Thomas in die Obhut ihrer Eltern gegeben, die sich sehr darüber gefreut haben, dass sie ihnen das Kind anvertraut. Sie wird heute nicht in die Bank gehen, und morgen auch nicht. Sie ist offiziell krankgeschrieben. Sie hält eine große Plastiktüte in der Hand, in die sie alle gerahmten Fotos von Thomas und Laurent wirft. Sie wird sie später zurückstellen. Marie weiß, dass sie die Wohnung nicht verlassen wird. Sie arbeitet nicht, der Wecker ist aus, der Kühlschrank ist voll, ihre Freunde sind alle beschäftigt, Laurent ist weit weg, ihre Familie kümmert sich um ihren Sohn, ihr Handy ist lautlos gestellt. Für Marie hat das Leben keinen Sinn mehr. Die Plastiktüte reißt unter dem Gewicht. Glasscherben zerspringen vor ihren Füßen auf dem Parkett. Die Fotografien rutschen aus den Rahmen. Marie sieht einen Moment auf sie hinunter, kehrt die Scherben auf dem Boden nachlässig mit dem Fuß zur Seite. Sie hat keine Lust aufzuräumen. Sie lässt die Tüte fallen, schiebt alles in eine Zimmerecke, dann legt sie sich aufs Sofa und wartet darauf, dass etwas passiert, obwohl sie nur zu gut weiß, dass nichts passieren wird. Sie muss sich darauf einlassen, nichts zu tun, nur zu spüren, wie die Zeit verrinnt.

Sie hat das Haus seit einer Woche nicht verlassen. Es passiert ihr, dass sie sich nicht wäscht, ganze Tage lang im Dunkeln liegen bleibt. Laurent schickt ihr jeden Abend eine E-Mail, um sich nach ihr zu erkundigen. Marie hat ungefähr zwei oder drei Kilo abgenommen. Mit ihrem weißen, schlaffen

Körper ähnelt sie einem Huhn aus der Legebatterie. Die Wohnung befindet sich innerhalb kürzester Zeit in einem jämmerlichen, schmutzigen, unordentlichen Zustand. Im Bettlaken mischt sich ein widerwärtiger Geruch mit dem Schweiß ihres erschöpften, aufgedunsenen Körpers. Ihre schmutzige, unrasierte Scheide ist übersät mit kleinen, weißen Klümpchen. Indem sie das Waschen ablehnt, weigert sich Marie, sich zu unterwerfen, ohne dass es sie die geringste Energie kostet.

Nach zwei Tagen in der Wohnung hat sie angefangen, ganze Nachmittage lang zu masturbieren, nach eigenem Willen ihre Lust zu stillen, frei vom trügerischen Spiegelbild der Befriedigung, das der Blick des Mannes auf die Frau beim Orgasmus mit sich bringt. Sie schlägt sich mehr schlecht als recht durch, mit allen Medikamenten, die sie findet. Sie nimmt mehrere Schlaftabletten am Tag, damit die Zeit schneller vergeht. Kein Bezug mehr zur Realität oder zur Außenwelt: Ihr Handy lädt sie nicht, ihre Internetverbindung nutzt sie nur, um mit Laurent in Kontakt zu bleiben, den Fernseher schaltet sie nie ein. Sie will den Lärm der anderen nicht mehr hören. Die meiste Zeit verbringt sie auf dem Sofa und sondert so viel Schleim ab wie eine Schnecke. Ihr eingefallenes Gesicht und ihr Blick sind die letzte flehentliche Bitte einer zum Tode Verurteilten.

Marie ist traurig, hässlich, Gesicht und Körper sind bereits verfallen. Mit gerade einmal zweiunddreißig Jahren, von der Leblosigkeit zerrieben, hat sie manchmal das Gefühl, dass ihr Blut nicht mehr fließt, dass es in ihren erschöpften Gliedern zum Stehen gekommen ist. Sie versucht, zu überleben, den Kopf über Wasser zu halten, ohne auch nur eine Sekunde daran zu glauben, dass sie genug Kraft hat, wieder aufzustehen. Ihr Lächeln in der Spiegelung des großen Wohnzimmerfensters zerreißt ihr das Herz vor Mitleid und Verachtung für sich selbst. Ihre Angst zu lieben hat sich bestimmt auf ihren Bauch übertragen, auf ihre schon lange in Verbitterung verfangenen Organe, die sie später einmal ihrem Sohn spenden will. Sie fürchtet die Schwäche ihres Körpers, das allmähliche Versagen ihres Verstands, die Unvollkommenheit ihrer Bewegungen. Alles an ihr verrät ihre Armseligkeit, jeder ihrer Versuche, würdevoll weiterzuleben, verschlimmert nur die Gebrechlichkeit ihres Wesens und trotzdem glaubt sie, dass sie noch eine Weile atmen wird. So könnte das noch jahrelang weitergehen, aber weit weg von ihr weint das Baby. Es kommt wieder in ihr Leben zurück.

Lieber Laurent,

du weißt nicht, wer ich bin oder in welcher Situation ich mich befinde, während ich dir diese Worte schreibe. Du kennst deine Frau nicht. Genau wie du sehe ich mir Pornos an. Ich sitze auf dem Sofa, habe den Laptop auf dem Schoß, die Unterhose hängt bei den Knöcheln, ich stecke mir die Finger in die buschige, schmutzige Scheide und halte sie mir danach an den Mund, sie riechen eklig, aber das gefällt mir. Ich wasche mich nicht mehr und putze mir nicht mehr die Zähne. Ich arbeite nicht, ich spreche nicht, ich räume nicht auf, ich mache nicht sauber, ich wechsle weder die Bettwäsche noch die Kleidung, ich lüfte nicht, ich spüle auf der Toilette nicht mehr, ich rasiere mir nicht mehr die Scheide, ich schminke mich nicht mehr, ich stopfe mich mit Schlaftabletten voll, ich werfe die Damenbinden nicht mehr weg, ich lasse mir jeden Tag Fast Food liefern. Ich habe mit niemandem mehr Kontakt, nur gestern einmal mit der Kassiererin im Supermarkt, als ich hinuntergegangen bin und ein paar Flaschen Cola gekauft habe. Ich bin nicht glücklich, aber auch nicht unglücklich. Ich warte einfach, dass es vorbeigeht, und vermeide jede Form von Bewegung. Ich glaube, dass eine Frau erst dann vollständig frei ist, wenn nicht mehr ihr Verstand die Entscheidungen trifft, sondern ihr Körper. Ich wurde vergewaltigt. Du hast nichts gesehen. Ich wurde in alle Löcher gebumst, von der Scheide in den Arsch, vom Arsch in den Mund, auf einem Autositz, während du mit deinem Chef im Restaurant in aller Ruhe gegessen und getrunken hast. Ich habe nichts gesagt. Ich habe mich brav schlafen gelegt, mit brennendem Körper, entstellter, durchgescheuerter, blutiger Vagina. Du hast meinen Körper noch mehr zerstört, dein dickes Glied und deine Finger hineingestopft. Thomas ist nicht dein Sohn. Er ist nur die Frucht meiner Vergewaltigung. Ich wollte ihn vor der Geburt töten, als ich mich bei meinen Eltern die Treppe hinuntergestürzt habe. Im Krankenhaus habe ich noch einmal versucht abzutreiben, ich wollte mir ein Taschenmesser in die Gebärmutter stoßen, aber der Arzt ist dazwischengekommen, also habe ich es gelassen. Ich habe dieses Unglückskind neun Monate lang ausgetragen. Ich konnte ihn nie waschen, weil ich mich vor seinem Penis geekelt habe. Ich habe ihn mit parfümierter Creme eingeschmiert, damit du den schmutzigen Geruch aus der Wiege nicht bemerkst, wenn du von der Arbeit nach Hause kommst. Mit deinem Bauchgefühl lagst du richtig. Ich habe sehr wohl versucht, ihn hinunterzustoßen, in der Nacht, als du mich auf dem Balkon entdeckt hast. Ich lüge dich schon die ganze Zeit an, und du merkst nichts, du entschuldigst mich, du rechtfertigst mein Verhalten jeden Tag mit Müdigkeit und Stress. Niemand, weder Roxane, meine Eltern oder Sophia, nicht einmal Paul, dein toller Gynäkologenfreund, hat versucht, mich zu verstehen. Ich hasse Thomas. Ich wünsche mir, eines Tages seinen toten Körper im Arm zu halten. Dass dieser Albtraum endlich ein Ende hat. Ich fühlte mich in die Enge getrieben, gedemütigt, gequält. Und ich habe Entscheidungen getroffen. Ich habe die Möglichkeiten abgewogen, so gut ich konnte, instinktiv und nach bestem Gewissen.

Während ich auf deine Rückkehr warte, widme ich viel Zeit dem Vergnügen, nichts tun zu müssen, damit alles gut wird. Jetzt ist es mein Geschlecht, das entscheidet, wann ich masturbiere, mein Körper, der die Hygieneregeln verweigert oder zulässt, Widerstand gegen meinen Determinismus leistet nur der Rest meines vernünftigen Verstands. Unter der mit Blut und Schweiß befleckten Bettdecke erkenne ich plötzlich die Möglichkeit, meinen Kör-

per wirklich zu spüren, ohne deine Beachtung, dein Urteil und deinen Willen als Mann. Vorhin hat der Nachbar aus dem zweiten Stock an der Tür geklingelt. Er hat sich über den Gestank im Flur beschwert, aber ich habe ihm nicht aufgemacht, weil ich jetzt nämlich der Ansicht bin, dass auch das Müllentsorgen nur eine moderne Beschäftigung ist, die es zu vermeiden gilt.

Marie

Marie speichert den Brief unter dem Namen MLT und klappt den Laptop zu. Die Reihenfolge ist perfekt, die Erleichterung groß. Sie denkt nur, dass ML gereicht hätte.

DAS SCHRILLE KLINGELN der Sprechanlage hallt durch die Wohnung. Es ist 17:30 Uhr. Marie liegt noch im Bett. Sie öffnet mühsam die Augen, um die roten Ziffern auf dem Wecker zu erkennen. Sie erinnert sich an gestern Abend. Sie hatte sich einen Cocktail mit Wodka und Ananassaft gemixt. Nach ihrem dritten Glas war ihr eingefallen, dass sie eine Stunde zuvor zwei Schlaftabletten genommen hatte. Durch die Mischung aus Alkohol und Medikamenten war sie schon um 6 Uhr abends in einen schweren Schlaf gesunken. Sie steht auf. In ihrem Kopf dreht sich alles. Sie muss sich übergeben. Das Klingeln dringt immer noch durch den Raum. Jemand versucht beharrlich, sie zu stören. Sie hat die Wohnung nicht aufgeräumt. Sie geht in den Flur, tritt auf eine Packung Orangensaft. Die klebrige Flüssigkeit verteilt sich auf dem Boden. Sie schiebt mit dem Fuß ein paar fettige Fast-Food-Schachteln weg, rutscht an die Wand und tastet sich zur Wohnungstür vor. Die Modellautosammlung ihres Mannes liegt auf dem Boden. Die kleinen, abgebrochenen Teile rollen herum, gehen in den Ritzen der Holzdielen verloren. Marie schafft es nicht, die Augen ganz zu öffnen. Die Wirkung der Schlaftabletten ist noch zu stark. Mit letzter Kraft, die Ellbogen auf das Schränkchen im Flur gestützt, um sich auf den Beinen zu halten, bekommt sie den Hörer der Sprechanlage zu fassen. Sie weiß, dass sie keinen Laut hervorbringen wird, wartet auf eine Reaktion.

»Marie, ich bin's, Mama!« Ihre Mutter bringt ihr das Baby zurück. Marie lässt den Hörer fallen. Ihre Mutter schreit, dass sie ihr aufmachen soll. Sie drückt mechanisch auf den Türöffner. Ihr Körper schwankt vor, zurück, nach allen Seiten, wie ein einsames Boot mitten im Sturm. Sie hat überhaupt keine Orientierung mehr, keine Kraft, sich zu rechtfertigen, zu streiten, sauberzumachen, aufzuräumen. Ihr Gehirn ist nicht mehr ausreichend durchblutet. Es ist zu spät. Marie will sich hinlegen. Sie geht zurück ins Wohnzimmer und stößt die Pizzareste auf den Teppich.

Sie hört, wie ihre Mutter die Tür öffnet. »Marie? Wo bist du denn?« Dann Stille. Marie will schlafen. Sie spürt, dass ihre Mutter beunruhigt ist. Thomas ist im Kinderwagen, fängt an zu schreien. »Was um Himmels willen ist denn hier passiert? Du … Hier muss unbedingt gelüftet werden! Marie! Jetzt rede mit mir!« Irène schüttelt den reglosen Körper ihrer Tochter. Sie lässt den Blick durchs Zimmer schweifen. Marie erklärt, dass sie gestern Abend Schlaftabletten genommen hat und sie immer noch wirken. Ihre Mutter erhebt sich, reißt die Vorhänge auf und öffnet ein Fenster nach dem anderen. Kühler Wind strömt ins Zimmer. Frische Luft. Irène beginnt aufzuräumen. Sie wirft den auf dem Boden verstreuten Abfall in einen Müllsack. »Ich koche dir erst mal eine große Tasse starken Kaffee, damit du wach wirst.« Marie hört das Wasser rauschen. Ihre Mutter hilft ihr, aufzustehen, zieht ihr die Kleidung aus. An ihren Oberschenkeln klebt getrocknetes Blut. Ihre Schamgegend ist schmutzig, ihre Achselhöhlen verströmen einen strengen Schweißgeruch im Badezimmer, ihre Unterhose ist an einigen Stellen voll breiter weißer und gelber Flecken. Irène hebt sie hoch, um sie ins heiße Wasser zu tauchen. Auch Maries Hände sind dreckig, sie klammert sich mit ihren schwarzen Fingernägeln an den schwachen Armen ihrer Mutter fest, die ihre ganze Kraft braucht, um ihre Tochter in der Badewanne zu stützen. Marie schließt die

Augen, lehnt den Kopf an den Rand. Ihr Gesicht ist eingefallen, kränklich, aufgedunsen wie bei einer alten Obdachlosen, die jeden Winter im Freien verbracht hat. »Ruh dich aus. Ich komme gleich wieder, ich räume die Wohnung auf und kümmere mich um Thomas. Heute Abend bleibe ich hier.«

In der Küche sammelt ihre Mutter das angehäufte Geschirr im Spülbecken und räumt es in die Maschine. Irène versteht ihre Tochter nicht. Sie erinnert sich, dass Marie schon als kleines Mädchen immer undurchschaubar war. Sie log nie, aber die Wahrheit sagte sie nur, wenn man sie direkt danach fragte. Maries Vater hat denselben Hang zu Geheimnissen. Irènes Handy klingelt. Sie verlässt die Küche, in der sich der Müll türmt, und geht zurück ins Wohnzimmer. Es ist Laurent: »Ich kann Marie nicht erreichen. Ich mache mir ein bisschen Sorgen. Ist alles in Ordnung? Ist sie mit Thomas bei euch?« Irène bejaht, beruhigt ihn, sagt, dass alles in Ordnung sei und er sich keine Sorgen machen müsse. Er kommt morgen Abend zurück. Bis dahin bleibt ihr genug Zeit, alles aufzuräumen und sich um ihre Tochter zu kümmern. Irène bemerkt den Haufen mit den zerbrochenen Bilderrahmen in der Wohnzimmerecke. Sie hebt die Fotografie von Thomas und Laurent auf und stellt sie wieder auf die Kommode. »Ich habe vergessen, sie zurückzustellen.« Marie steht hinter ihrer Mutter. Dicke Wassertropfen lösen sich von ihrem nassen Haar. »Du kannst mir das morgen erklären, wenn du willst. Geh jetzt schlafen, du kannst dich ja kaum auf den Beinen halten.« Marie schlurft davon. Sie schämt sich nicht. Es gibt nur wenige wirklich misanthropische Frauen, die es wagen, die Verantwortung dafür zu tragen, weder aktiv noch gesellig zu sein. Wenn sich ein Mann gehenlässt, gilt das oft als natürlich, ja sogar romantisch. Bei einer Frau ist es gegen die Natur. In dieser kurzen Woche war Marie ziemlich stolz, dieser neuen Generation von Frauen anzugehören, die den ganzen Tag nichts treiben und nur ihr eigenes Vergnügen gebären. Irène räumt weiter das Chaos auf, das ihre Tochter hinterlassen hat. Thomas sieht ihr zu, sitzt immer noch zusammengesunken im Kinderwagen. Machtlos erlebt er die Katastrophe seiner Geburt.

MARIE IST AUSGERUHT. Sie holt ihren Mann vom Flughafen Charles de Gaulle ab. Der Flug aus New York ist pünktlich. Endlich öffnet sich die Tür zur Ankunftshalle. Laurent erscheint mit Julia. Sie gehen Seite an Seite, albern herum, klopfen sich auf die Schulter. Marie spürt Wut in sich aufsteigen. Ihre Hände schließen sich um den Griff des Kinderwagens. Der kleine Thomas liegt friedlich unter seiner großen, himmelblauen Decke. Laurent freut sich, seine Familie wiederzusehen, und eilt auf sie zu. Zuerst beugt er sich zu seinem Sohn hinunter, dann wendet er sich seiner Frau zu. Julia bleibt abseits stehen. »Ich nehme ein Taxi nach Hause.« Laurent bietet ihr an, sie im Auto mitzunehmen, aber sie lehnt freundlich ab. Sie will sich nicht zu lange beim Wiedersehen des Paars aufdrängen und winkt Laurent zum Abschied flüchtig zu. Beim Gehen scheint es, als hätten Julia und ihr Mann einen komischen Blick gewechselt, genauso verlegen wie das Lächeln, das man einem Fremden in der Disco mit gesenktem Kopf zuwirft.

Im Auto erzählt Laurent von seiner Dienstreise. Er erklärt, wie erleichtert er sei, nach Hause zu kommen, sich bei ihr und Thomas ausruhen zu können, nicht mehr diese langwierigen Geschäftsessen mit seinem Mandanten ertragen zu müssen.

Irène hat gestern Abend in der Wohnung übernachtet, um sich um ihre Tochter zu kümmern. Die beiden Frauen haben nicht miteinander gesprochen. Marie hat ihren Zustand nicht gerechtfertigt, und ihre Mutter hat es nicht gewagt, sie zu fragen, was in den letzten Tagen passiert ist. Laurent ist endlich zurück, und alles wird wieder normal.

Zum ersten Mal seit ihrem Wiedereinstieg ist das Büro ihrer jungen Kollegin Mathilde leer. »Die Kleine ist seit über einer Woche krank. Niemand hat von ihr gehört.« Marie beschließt, ihr eine Nachricht an die Handynummer zu schicken, die sie ihr beim ersten Treffen gegeben hat. Sie fühlt sich verloren ohne sie. Seit Monaten hat ihr Mathilde jeden Tag geholfen, die neuen Arbeitstools der Bank zu benutzen, die neuen Ziele zu erreichen, die Marketingmethoden anzuwenden, die sie in der Schule gelernt hat. Ihre Abwesenheit ist heute Morgen schwer zu ertragen.

Maries Handy vibriert. Schon wieder Roxane. Gestern hat ihre Schwester drei Nachrichten hinterlassen, doch Marie hatte weder Zeit noch Lust zu antworten. Sie will wissen, ob alles in Ordnung ist seit Laurents Rückkehr. Sie ist da, falls Marie Hilfe braucht. Die Worte am Schluss klingen, als biete sie ihr eine letzte Chance an: »Ruf mich jederzeit an, wenn du willst. Ich bin immer für dich da. Ich habe dich lieb.« Ihre Mutter hat ihr wahrscheinlich von Maries Zustand erzählt, als sie Thomas zurückgebracht hat. Die Wohnung von Müll übersät, Marie schlaff auf dem Sofa, mit Schlaftabletten betäubt, ihr Körper schmutzig und ihr Geist erschöpft. Ihre Familie beginnt, die ersten Zeichen zu erkennen. Die meisten glauben, dass sich Geheimnisse mit der Zeit besser bewahren lassen, aber das ist falsch. Am Anfang einer Lüge ist man alarmiert, wachsam, achtet auf jedes noch so kleine Zeichen, das das ganze Gebilde zum Einstürzen bringen könnte. In der Regel bemerkt niemand etwas, aber nach und nach drängt sich den anderen die Logik des Ganzen auf. Stück für Stück fügen sie die Geschichte erneut zusammen, erkennen die Ungereimtheiten, verknüpfen den Rest mit Elementen aus ihrer Vorstellungskraft, die sich unweigerlich als richtig herausstellen. Marie verjagt den Gedanken. Sie ist nicht in einem Film, bei dem der Zuschauer von Anfang bis Ende keinen Einfluss hat. Sie ist die Hauptdarstellerin. Sie ist das allwissende Opfer. Niemals wird sie zulassen, dass ihre Geschichte vollständig enthüllt wird. Sie hat es nicht verdient, jetzt alles zu verlieren.

Es ist 18 Uhr. Laurent muss Thomas heute Abend von der Krippe abholen. Marie nutzt die Gelegenheit, um den Boulevard Magenta entlangzuschlendern. Der Regen prasselt auf ihren Mantel. Sie hat ihren Schirm im Büro vergessen, ein großer Fehler, wenn man in Paris wohnt. Die kleinen Geschäfte haben noch geöffnet. Sie möchte ein gutes Steak für Laurent kaufen. Dazu wird sie eine Pfeffersoße und Ofenkartoffeln zubereiten. Sie will gerade die Metzgerei betreten, als ihr Blick auf die Außenterrasse eines Lokals an der Straßenecke gegenüber fällt. »Kommen Sie rein oder schließen Sie die Tür!« Die kräftige Stimme des Metzgers lässt Marie aufschrecken, krachend schlägt sie die Tür zu und lässt die Kunden verblüfft zurück. Sie nähert sich einem der Tische. Im Licht der Heizstrahler auf der Terrasse entdeckt sie Mathilde, ihre junge Kollegin aus der Bank, zusammengesunken auf einem Stuhl. Sie ist nicht wiederzuerkennen. Ihr Blick ist leer. Marie steht ihr gegenüber, nur wenige Schritte von ihrem Tisch entfernt. Sie hat sie nicht bemerkt. In einem Zug leert sie ihr Glas. Ihrem Zustand nach, vermutet Marie, dass es etwas Hochprozentiges ist. Mathildes Kleidung ist dieselbe, die sie auch immer in der Bank getragen hat, aber sie ist völlig zerknittert und an einigen Stellen fleckig. Ihre vom Regen nassen Haare hat sie achtlos zu einem Knoten hochgesteckt. Unbeholfen klammert sie sich an den Arm des Kellners und bestellt noch einen Whiskey-Cola. Er sagt, dass sie vielleicht besser aufhören sollte. Sie erwidert, dass er sie mal kreuzweise kann. Marie geht langsam auf sie zu und spricht sie zaghaft an. Die junge Frau scheint sie nicht zu erkennen. Marie setzt sich an den Nebentisch, um sich mit ihr zu unterhalten. Sie fragt, was los ist, ob sie ihr helfen kann, warum sie nicht mehr in die Bank kommt. Mathilde beachtet sie zunächst nicht, redet wirres Zeug, beschimpft sie als »abgehängte Alte« wegen ihres Balgs, holt unter dem Alkoholeinfluss zu widersinnigen Erklärungen aus. Marie würde ihr gerne helfen, aber beschließt, es gut sein zu lassen. Jetzt ist nicht der richtige Zeitpunkt. Sie ist gerade im Begriff zu gehen, da hält Mathilde sie am Ärmel ihres Mantels fest. Ihr Gesicht leuchtet endlich auf, dann verzerrt es sich. Tränen laufen ihr über die Wangen, entstellen sie. Sie schluchzt, ihre Hände zittern. »Warum tun die Männer den Frauen das an? Ich habe doch nichts gemacht, nichts verlangt! Weißt du, ich war glücklich in der Bank ... Mit dir konnte ich mich nützlich machen ... Und ... Lieber sterbe ich, als dahin zurückzugehen! Nie wieder!« Marie erstarrt. Ihre Glieder versteifen sich. Sie kann sich nicht mehr hinsetzen, ihre Scheide tut weh. Sie wird wieder in diese Nacht zurückgeworfen. Der Himmel war derselbe, dunkel und nass. Hat er sie auch in seinem Auto missbraucht? Musste sie die gleichen Misshandlungen ertragen? Wie lange hat ihre Vergewaltigung gedauert? Ist er in ihr gekommen? All diese Fragen bleiben stumm. Keinen Rat, keine Anleitung kann sie geben. Marie ist bestürzt, zerbricht an ihrer Verantwortung. Das arme Kind wurde vom selben Mann vergewaltigt und sicher auch auf dieselbe Weise. Mathilde lässt Maries Mantel los und leert ihr Glas mit kleinen Schlucken. Marie geht zur Theke und bezahlt die

Rechnung. Sie hebt den zierlichen Körper der jungen Frau hoch, legt ihr einen Arm um die Schulter und stützt sie bis zum Taxistand auf der anderen Straßenseite. Sie ist nicht schwer. Es ist ihm bestimmt leichtgefallen, sie zu missbrauchen. Ein Kinderspiel für einen so starken Mann wie ihn.

Mathilde schläft im Auto ein. Als sie bei ihrer Wohnung ankommen, hilft Marie ihr auszusteigen und begleitet sie, um sicherzugehen, dass sie wohlbehütet nach Hause kommt. Mathilde wohnt in einer kleinen Einzimmerwohnung mit zirka fünfunddreißig Quadratmetern. Die exotische Dekoration passt zu ihr: lebendig, jung, aufregend, voller Leben. Marie betrachtet ihren entkräfteten und gebeutelten Körper auf dem langen Sofa, die fleckige Jeans und die schmutzigen, zerzausten Haare auf den orangefarbenen Kissen. Mathilde passt nicht mehr zur Einrichtung. Nichts ergibt mehr Sinn.

Marie verschwindet unauffällig und schließt leise die Wohnungstür hinter sich, dann geht sie zurück zum Taxi, um nach Hause zu fahren. Es ist ihre Schuld. Hätte sie Anzeige gegen den Direktor erstattet, hätte er nicht wieder damit angefangen. Mathildes gebrochener Blick im rötlichen Schein der Terrassenbeleuchtung, ihre vom Leid müden Gesichtszüge, ihr nach Alkohol stinkender Atem, all das hätte verhindert werden können, wenn sie nicht so feige gewesen wäre. Nie wird sie sich das verzeihen können. Im Taxi erstickt sie, windet sich, erträgt das anhaltende, militärische Geräusch der Scheibenwischer nicht, des Regens, der wie harte Lendenstöße unermüdlich auf die Windschutzscheibe schlägt. »Halten Sie an! Halten Sie hier an! Ich will zu Fuß gehen!« Der Taxifahrer weigert sich, erklärt ihr, dass sie sich mitten auf einer großen Straße befinden, dass er hier unmöglich halten kann. Marie öffnet die Tür des fahrenden Autos. Der Fahrer bremst scharf ab. Marie wirft ihm einen Zwanzigeuroschein auf das Armaturenbrett und steigt aus, verschwindet unter seinen ferner rückenden Rufen im belebten Treiben der Avenue de l'Opéra. Die frische Luft, der peitschende Regen schlagen ihr ins Gesicht, wecken ihre Lebensgeister. Die Fassade der Opéra Garnier beleuchtet beide Straßenseiten. Der Eingang zur Metrostation wird von einer dichten Menschenmenge umringt, er schluckt und spuckt den ganzen Tag tausende Fahrgäste aus, die alten unterirdischen Wände ziehen sich zusammen, leiden unter der schlechten Belüftung. Marie läuft ziellos herum, lässt sich immer wieder anrempeln, wegstoßen, umwerfen, durchrütteln. Sie will, dass man ihr wehtut, dass man sie für ihr Schweigen bezahlen lässt. Ihr Martyrium ist nicht schlimm genug, der Preis, den sie zahlen muss, zu gering.

Als Marie nach Hause kommt, bietet sich ihr im Flur ein rührender Anblick, ihr Mann und ihr Sohn spielen auf dem Teppich. Sie zieht den Mantel aus und geht hinein, lächelt über Laurent, der sich zu ihr umdreht. »Du bist ja heute spät dran ... Aber mach dir keine Sorgen, ich habe schon gekocht. Heute Abend gibt es Entenbrust und Kartoffelgratin!« Dieses aufgesetzte, giftige Glück, vergleichbar mit einem faschistischen Propagandaplakat über das Wunder und die Freude des Familienlebens, verbirgt so leicht das Unglück.

Nach dem Essen bringt Laurent den kleinen Thomas ins Bett. Wie jeden Abend wird Marie vor ihm so tun, als gäbe sie ihrem Sohn einen Gutenachtkuss. Sie bleibt neben der Wiege stehen, starrt das Kind einen Moment an, hört seinem Jammern zu, während es verzweifelt die kleinen Ärmchen nach ihr ausstreckt, und geht ohne ein Wort zurück zu ihrem Mann ins Wohnzimmer.

Laurent hat zwei Gläser Kir auf dem Couchtisch bereitgestellt, Maries Lieblingsaperitif. Er möchte ihr sagen, wie sehr er sie liebt und wie dankbar er ihr für alles ist, was sie täglich für ihre Familie leistet. Marie lächelt. Sie weiß, er wird sie wieder berühren. Er hat das Signal gegeben, wie jedes Mal, wenn er ihnen nach dem Essen ein Gläschen Alkohol einschenkt. Sie versteht, dass ihr Mann frustriert ist. Er will sie nicht betrügen, indem er mit seiner Kollegin Julia ein Verhältnis eingeht. Zu kompliziert, zu riskant, wenn man gerade mit seiner Frau das erste Kind bekommen hat. Also berührt er stattdessen den Hintern, die Brüste und die Scheide von Marie. Sie fühlt sich begrapscht, durchwühlt, lässt es wie immer über sich ergehen. Sie denkt wieder an Mathilde, überlegt, wie sie vom Direktor vergewaltigt wurde. Er muss sie auf dieselbe Weise eingeschüchtert, angefasst haben. Laurent schiebt ihr behutsam seine Hände in die Unterhose. Sein Glied wird hart, sucht sich den Weg, wittert wie ein Hund den Geruch ihrer feuchten Höhle. Mathilde wird bestimmt Alkoholikerin. Laurent schubst sie aufs Sofa, steckt ihr seine Finger in den Mund, drückt ihre Schultern leicht nach unten. Mathilde ist erst zweiundzwanzig Jahre alt. Er dringt in sie ein, stößt ihr immer wieder kräftig, hart in den Unterleib. Er stöhnt. Sie grübelt. Der Stoff reibt an ihren Oberschenkeln, reizt ihre Haut. Mathilde ist verloren. Er zieht den Penis heraus, führt ihn zu Maries Mund. Sie hätte Mathilde von ihrer Erfahrung erzählen können. Er bewegt sein Glied schneller in ihrem Hals. Sie lutscht, saugt, schlingt, schluckt, leckt mit kleinen Zungenschlägen am Rand seiner geschwollenen Eichel, sammelt Sperma und Speichel an einer Stelle im Mund. Er will noch nicht zum Orgasmus kommen, hält sich zurück. Mit der Zunge zieht er breite Spuren in ihre feuchte Scheide, schluckt und reißt ihre langen Schamhaare heraus, die sie nicht alle entfernen will. Mathilde muss unbedingt die Pille danach nehmen, damit sie nicht schwanger wird. Sie masturbiert ihn fest, heftig, vergräbt das Gesicht an seinem Hals, damit er sie nicht sieht, damit er endlich aufhört, sie zu vögeln. Sie könnte ihr bei allem beistehen, ihre Freundin, Vertraute, Ratgeberin sein. Ein langgezogener Schrei der Erleichterung, und er spritzt ab, entleert sich auf ihr, wie er es gerne macht. Die weiße, zähe Flüssigkeit breitet sich auf Maries Brüsten aus, tropft auf ihren Bauch wie der letzte Strahl aus einem verstopften Schlauch. Laurent entspannt sich. Marie holt wieder Luft, sie hält sie jedes Mal an, wenn ihr Mann sie berührt. Sie bleibt aufrecht, während ihm wie immer beim Höhepunkt der Atem stockt.

Sie sind nur Löcher. Riesige Lücken aus weichem Fleisch. Sündhafte, feuchte Wüsten, durch die sich der Mann wie Gott seinen Weg bahnt.

DIE ERZIEHERIN SIEHT sie misstrauisch an. Dabei ist Marie diesmal pünktlich. Sie gurtet Thomas im Kinderwagen fest und geht an den tuschelnden Mamas vorbei nach draußen. Laurent wird völlig von seiner Arbeit in der Kanzlei in Anspruch genommen und ist fast nicht mehr da, um ihr zu helfen. Er kommt abends spät, geht morgens früh, nimmt am Wochenende seine Akten mit nach Hause. Marie denkt, dass er sicher mehr Zeit mit Julia verbringt als mit seiner Familie. Thomas weint im Kinderwagen. Er hat den Schnuller auf dem Weg verloren. Alle Fußgänger drehen sich nach ihr um. Sie fragen sich, welche Mutter ihrem Kind tatenlos beim Weinen zusieht. Marie gibt ihm ihr Handy zum Spielen, damit er endlich ruhig ist. Das Baby drückt fasziniert auf dem leuchtenden Gegenstand herum, aber nach wenigen Sekunden wirft es das Handy auf den Boden. Es zerbricht auf dem Asphalt. Eine unbändige Wut breitet sich in Maries Bauch aus. Sie sammelt die kleinen Plastikteile vom Boden auf und steckt sie in die Handtasche. Sie beugt sich zu ihrem Sohn hinunter und packt ihn vorsichtig, damit niemand auf sie aufmerksam wird. Ihre Fingernägel graben sich in den Baumwollstoff seiner Decke. Sie umklammert seine Hände, bis sich sein Gesicht vor Schmerz verzieht. Sie kniet immer noch vor dem Kinderwagen, hat den Kopf darin vergraben, legt die Hände an seinen Hals, um fester zuzudrücken. Sie wird ihn jetzt erwürgen. Kein Fußgänger wird ein totes, erdrosseltes Baby im Kinderwagen bemerken, sie werden denken, dass er tief schläft. Thomas schnappt nach Luft, wehrt sich vergeblich, schlägt mit den kleinen Händen um sich. Mit einer Hand umschließt die Mutter seinen Hals fester. Seine Augen röten sich, die ersten Erstickungssymptome treten auf. Marie hört nicht auf. Der speckige Hals des Kinds sinkt zurück ins Kissen. Seine Füße klopfen auf die Unterlage des Kinderwagens. Marie steckt ihm einen Finger in den Hals. Sofort würgt das Baby.

Marie lockert langsam den Griff. Thomas atmet ein, hustet, schluckt mit großer Mühe den Speichel hinunter. Sie kann es nicht, nicht so. Es ist zu schwer. Ihre Bluse ist mit Schweiß und Tränen durchtränkt. Sie bricht zusammen, verrenkt sich vor ihrem Sohn, der sie wieder anlächelt. Niemand kommt vorbei. Sie betrachtet ihr Kind. Es ist froh zu leben. Nur seine Mutter will, dass es verschwindet. Sie erhebt sich mühsam. Ihre Bewegungen sind schwerfällig, unbeholfen, lassen sich nicht mehr instinktiv ausführen. Sie wischt den Mantel mit einer flüchtigen Handbewegung sauber. Welke Blätter fliegen auf. Sie folgt ihnen mit dem Blick bis in den Himmel. Ihr Kopf kippt zur Seite. Sie verliert das Gleichgewicht, ihre Füße haben keinen Kontakt mehr zum Boden. Sie kann nicht mehr weitergehen, ihre Beine geben unter dem Druck und der Traurigkeit nach. Marie steuert auf eine Parkbank zu. Diese grünen Bänke mit den trockenen, rissigen Holzlatten, die die Kleidung durchscheuern. Diese Pariser Sitzflächen, die überall aufgestellt sind und niemandem mehr auffallen. Vor Maries Haus steht auch eine. Jeden Morgen beobachtet sie vom Fenster aus eine Frau, die alleine im Schneidersitz auf der Bank sitzt. Gegen 8:30 Uhr erhebt sie sich wieder und geht. Jetzt lindert Marie auf einer Parkbank ihre Einsamkeit. Es ist ein echter Kummer, bei dem man die eigene Machtlosigkeit zu spüren bekommt. Ihre Realität ist nun völlig zermalmt, erdrückt, gebeugt unter dem Gewicht der Traurigkeit. Alles entgleitet ihr, sie findet nirgendwo mehr Halt. Der Schatten des Mannes hat sich vor ihr erhoben, finster und riesig, beängstigend. Der Mann im Allgemeinen, sein Geschlecht, die Männlichkeit. Von ihrer Unterlippe tropft Blut auf ihre weiße Bluse. Ihr Sohn hat sie während des Kampfs gekratzt, er hat sich gewehrt, damit seine Mutter nicht bis zum Äußersten geht. In der kleinen Grünanlage neben ihnen spielen Kinder. In diesem Moment, in der trügerischen Stille, unterbrochen vom Lachen und Weinen, begreift Marie, was sie in Gang gesetzt hat. Sie beugt sich mit einem von Verzweiflung überwältigten Blick zu ihrem Sohn hinunter, gewährt ihm ein paar Sekunden Frieden. »Es tut mir leid.«

Thomas liegt in seinem Zimmer, außer Gefahr, sicher vor seiner Mutter. Schon seit einigen Jahren schaltet Marie den Fernseher kaum noch ein, hört nicht Radio, liest nur sehr selten Zeitung, außer vielleicht, wenn sie am Ausgang der Metrostation Mitleid mit den Studenten bekommt, die im Regen versuchen, ihren Stapel *20 minutes* zu verteilen. Sie ist vollkommen abgeschottet vom Zeitgeschehen. Nur ihren Kunden hört sie zu, wenn sie ihr das Neueste über die Welt in der Krise erzählen. Sie achten genau darauf, nur schlechte Nachrichten mit ihr zu teilen, nie will sie jemand in gute Laune versetzen.

Sie liegt auf dem Wohnzimmersofa, an ein kleines Wollkissen gelehnt, blättert in einer Zeitschrift und verfolgt gleichzeitig aus dem Augenwinkel die Themen der Nachrichtensendung. Das Gesicht ihres Mannes erscheint auf dem Bildschirm. Marie erhebt sich rasch, wirft sich auf den Teppich, um nach der Fernbedienung zu greifen. Sie stellt den Ton lauter. Laurent steht auf dem Vorplatz des Justizpalasts in Paris und wird von etwa fünfzig Kameras umringt. Förmlich gegen eine der großen Säulen des Gebäudes gedrückt, beladen mit dicken, farbigen Aktenordnern, beantwortet er die Fragen der Journalisten in einem entschlossenen, selbstbewussten und entspannten Tonfall. Er sagt immer, um ein guter Anwalt zu sein, müsse man das Gericht vor allem als riesiges Theater begreifen, in dem jeder seine Rolle spielt. Seine Rolle muss immer die des Gewinners sein: »In diesem Scheidungsprozess geht es in erster Linie um eine gerechte Verteilung von Herrn Ponces Vermögen, mein Mandant muss deshalb keine Aussage zu den zusätzlichen Anschuldigungen machen, die seit einigen Tagen aus reiner Provokation und noch dazu völlig unbegründet in den Medien verbreitet werden. Anschuldigungen, die seltsamerweise erst jetzt erhoben werden und die einige wahrscheinlich zugunsten von Frau Ponce aufrechterhalten wollen.« Laurent spricht das Wort »Vergewaltigung« nicht aus, nicht einmal das Wort »Übergriff«. Marie bleibt einen Moment vor dem Sofa sitzen. Das Nachrichtenthema ist nach der Stellungnahme ihres Mannes schnell abgehakt, es folgt ein Beitrag über den besorgniserregenden Temperaturanstieg in diesem Herbst. Sie geht in die Küche und schenkt sich ein Glas Wein ein. Die Ellbogen auf die Küchenanrichte gestützt, steht sie lange da und überlegt, wie auch Laurent die Fakten verschweigt und was die anderen Frauen in der Krippe oder vielleicht sogar einige Kunden heute wohl über ihn gedacht haben.

Eine halbe Stunde später hört sie ihren Mann nach Hause kommen. Er ist erschöpft. Außer Atem hängt er den Mantel an die Garderobe, zieht sich mühsam die Schuhe aus, hält kurz inne. Er rührt sich nicht, dann springt er wie eine überlastete Maschine wieder an und kommt zu Marie in die Küche. »Ich bin todmüde. Dieser Tag hat einfach kein Ende genommen ... Journalisten sind wirklich eine Plage, richtige

Schmeißfliegen. Sie warten geradezu auf Tote!« Er packt die Weinflasche auf der Anrichte, greift nach einem Glas in der Spüle und füllt es randvoll. Marie mustert ihn eingehend. »Aber stimmt es denn?«

Laurent stellt das Glas ab, runzelt die Stirn, als hätte sie ihm eine dumme, unverständliche Frage gestellt. Er versteht sie nicht. »Hat er das Mädchen wirklich vergewaltigt? Die Freundin seiner Tochter, hat er sie missbraucht?« Immer noch Stille. Laurent senkt den Blick, sagt seiner Frau, er sei müde und hätte zu Hause gerne seinen Frieden, anstatt weiter mit Fragen bedrängt zu werden. Er ist aufgebracht. Marie reagiert gleichmütig auf seine Wut, stellt ihm immer wieder dieselbe Frage. Laurent ist völlig verzweifelt, er tobt, läuft rot an. Er versteht nicht, warum sie nicht davon ablässt. Marie antwortet ihm, dass sie sich gedemütigt fühlt, dass alle sie verurteilen, weil ihr Mann einen Vergewaltiger verteidigt; in der Krippe, in der Bank, sie spürt es und will jetzt eine endgültige und aufrichtige Antwort. »Du willst es also unbedingt wissen? Ja, er hat es getan. Er hat das Mädchen vergewaltigt, als es in den Ferien bei seiner Tochter zu Besuch war. Bist du jetzt glücklich? Zufrieden?«

Marie ist wie gelähmt von Laurents Antwort. Er weiß, dass er zu weit gegangen ist. Auch er ist am Ende. Er senkt die Stimme: »Er hat es mir gestern Abend gestanden. Ich habe noch nicht mit dem Anwalt gesprochen, der ihn in diesem Fall vertritt. Aber begreif doch, ich verteidige ihn nur in der Scheidungsangelegenheit, nicht gegen die Vorwürfe der Vergewaltigung. Ich darf eigentlich gar nicht mit dir darüber sprechen, ich unterliege der Schweigepflicht. Aber die Sache scheint dir ja derart nahezugehen, dass ...« Marie verzieht keine Miene. Sie unterbricht ihn und bittet ihn kühl, genau zu wiederholen, was sein Mandant ihm gestanden hat. Laurent fühlt sich nicht wohl dabei, aber er lässt sich darauf ein, ihr ein paar Einzelheiten zu verraten: »Na ja, er hat mir erzählt, dass er an dem Nachmittag ein bisschen betrunken war. Dass die Kleine ihm schon die ganzen Ferien schöne Augen gemacht hat. Und dann ... Er weiß nicht mehr genau, wie ... Er hat wohl die Kontrolle verloren und hatte sexuellen Kontakt mit ihr. Er hat gesagt, dass sie anfangs einverstanden war, sich nach einigen Minuten aber gewehrt hat.« Er verstummt. Marie starrt ihn an und wartet, dass er fortfährt, hält die Luft an, glaubt zu ersticken. »Er konnte nicht aufhören ... Er hat sie gezwungen, er hat sie vergewaltigt. Mehrmals.«

Laurent schämt sich, er lässt den Kopf hängen. Maries Augen füllen sich mit Tränen. Ihr Mann legt ihr eine Hand auf den Arm. Sie stößt ihn gewaltsam gegen die Anrichte. Ein Glas zerbricht. Alles zerspringt. Er entschuldigt sich. Er wusste nichts von den Vergehen seines Mandanten, als er den Scheidungsprozess angenommen hat, sonst hätte er niemals zugestimmt. Jetzt sitzt er in der Klemme. Marie versucht, ihre Hysterie zurückzuhalten, aber die Anspannung ist zu groß. Sie greift nach der Porzellanvase auf dem Fensterbrett und schleudert sie ihrem Mann entgegen, der sich wegduckt. Sie beleidigt ihn, beschimpft ihn als Dreckskerl, primitives, wildes Arschloch, Verteidiger eines Kindervergewaltigers, Anwalt des Teufels. Sie kann nicht mehr aufhören, schmeißt ihm alles ins Gesicht, was ihr in die Hände fällt. Er weicht aus, dann wirft er sich auf sie, will verhindern, dass sie noch weiter geht. Er brüllt sie an, bittet sie, sich zu beruhigen, hält ihre Arme umklammert, drückt ihre Schenkel mit seinem Gewicht zu Boden. Ihre Schreie werden lauter. Marie wehrt sich mit aller Kraft, spuckt ihm ins Gesicht, versucht, ihm das Knie in die Leiste zu stoßen. Schließlich gibt er ihr eine kräftige Ohrfeige. Erschrocken über seine Reaktion, lockert er den Druck auf den Körper seiner Frau. Leise weicht er zurück, entschuldigt sich. Er hätte sie niemals schlagen dürfen. Es ist das erste Mal. Der Wahnsinn ist plötzlich hervorgebrochen. Sie liegt immer noch auf dem Boden. Thomas ist aufgewacht. Die Schreie breiten sich im Flur aus. Das Babyfon vibriert auf dem Esstisch. »Sieh nach deinem Sohn, Schatz. Du magst Vergewaltiger doch so gern.«

Maries psychotischer Gesichtsausdruck und ihr schmales Lächeln jagen Laurent Angst ein. Niemals, unter keinen Umständen, nicht einmal in zukünftigen, glücklichen Momenten wird er dieses Lächeln jemals vergessen können. Die Ohrfeige, das verletzte Gesicht seiner am Boden liegenden Frau, dieser letzte rätselhafte Satz, bei dem er nicht den Mut hat, nach einer Erklärung zu fragen, aus Angst, einen erneuten Wutanfall auszulösen. Egal, dann bleibt er darüber eben im Zweifel. Er richtet sich auf, wischt sich mit dem Hemdsärmel Maries Spucke von den Lippen und geht zu seinem Sohn. Sie weiß, dass das Ende nah ist. Sie könnte nicht genau sagen, woran sie es merkt, aber irgendetwas ist heute Abend aus den Fugen geraten.

AN DIESEM MONTAGMORGEN ist Mathilde wieder in die Bank gekommen. Sie war über drei Monate weg. Marie hat sie nicht angerufen und nicht versucht, etwas über sie in Erfahrung zu bringen, seit sie ihr in der Bar am Boulevard Magenta begegnet ist. Marie hat Angst, sie wiederzusehen. Ihre nicht besonders einfühlsame Reaktion auf die Vergewaltigung hat bei der jungen Frau sicher Verdacht geweckt. Marie achtet den ganzen Tag darauf, ihr nicht über den Weg zu laufen. Sie weiß, dass sie mit ihr bei den gemeinsamen Dossiers zusammenarbeiten muss, will aber lieber warten, bis Mathilde auf sie zukommt.

Marie erträgt das Vibrieren ihres Handys in der Hosentasche nicht mehr. Bereits zum fünften Mal innerhalb von zwei Tagen ruft Roxane an, um sich nach ihr zu erkundigen. Sie stellt immer dieselben Fragen, will wissen, ob alles in Ordnung ist, wie es dem kleinen Thomas geht, ob Laurents in den Medien präsenter Prozess vorangeht. Aber sie lehnt es ab, darüber zu sprechen, was mit ihrer Mutter vorgefallen ist. »Ich verurteile dich deswegen nicht. Jeder ist mal deprimiert.« Es ist keine Depression. Marie und Mathilde sind beide nicht depressiv. Sie sind nicht in Drogen, in den Alkohol oder die Prostitution abgerutscht. Sie haben weder Paris noch die Bank verlassen, in der ihr Vergewaltiger nach wie vor arbeitet. Sie haben einfach weitergelebt, ohne darüber zu sprechen, haben ihr Unglück hinter den bequemen Gewohnheiten ihres geordneten, privilegierten Alltags versteckt. Die Umgebung, in der sie sich bewegen, ist ursächlich für ihr

Scheitern. Marie ist eingesperrt in dem, was man gemeinhin als »glückliche Ehe« bezeichnet. Danach hat sie sich immer gesehnt. Eine aufrichtige Liebesgeschichte mit einem Mann, den sie liebt und bewundert. Laurent war dieser Mann, wurde ihr Ehemann. Dann wollte sie Kinder. Thomas kam auf die Welt. Soll sie etwa bereuen, dass sie ein Glück aufrechterhalten wollte, das nur wenige Menschen in ihrem Leben je erfahren, allein aus Ehrlichkeit? Sie hätte drei Leben zerstört. Mathilde hat eine etwas andere Vorstellung von Partnerschaft. Sie hat Marie anvertraut, dass sie seit einigen Monaten in einer Beziehung ist, inzwischen aber einen anderen Studenten an ihrer Uni kennengelernt und sich sofort in ihn verliebt hat. Sie plant, ihren Freund zu verlassen und eine neue Beziehung anzufangen. Sie nimmt, liebt, lässt los. Dann nimmt sie wieder, liebt wieder, lässt wieder los. Die jungen Mädchen aus Mathildes Generation stecken oft zwischen zwei sehr unterschiedlichen Auffassungen von Partnerschaft fest. Einerseits haben sie die Möglichkeit, außerhalb eines Ehelebens sexuelle Beziehungen einzugehen, bei jeder verlockenden Gelegenheit den Partner zu wechseln und diese Freiheit bestmöglich auszukosten. Aber diese Verfügbarkeit kann manchmal auch den umgekehrten Wunsch wecken. Um sich vor einer Freiheit zu schützen, die man eines Tages fürchtet und als maßlos empfindet, bemühen sich einige, die große Liebe zu finden, und streben das ewige Vorführen einer gelungenen Ehe und Treue an. Das erinnert ein wenig an die Vorteilspakete der Bank, die Marie ihren Kunden manchmal verkauft. Je nach Angebot erhalten sie eine Bankkarte, ein Scheckbuch, eine Versicherung und manchmal sogar ein kleines Plüschtier als Zeichen für den Beginn einer schönen und intensiven Beziehung zwischen der Bank und dem Kunden. Mathilde hat ihr anvertraut, dass sie später auch heiraten und Kinder haben will. Vielleicht hat sie ja schon eins im Bauch?

Die Bank ist geschlossen. Es herrscht Stille. Ein Teil der Beleuchtung ist schon ausgeschaltet. Alles ist düster. Nur der Raum, in dem die Drucker stehen, wird ununterbrochen von aggressiven Neonröhren erhellt. Wenn Marie dieses Zimmer verlässt, hat sie danach oft den ganzen Tag Migräne. Erst am Abend gegen 18:30 Uhr hat sie alle Verträge fertig ausgedruckt, die sie für die Termine am nächsten Tag braucht. Auf ihre Kopien konzentriert, nimmt sie plötzlich hinter sich jemanden wahr. Ihr Herz sprengt ihr die Brust. Sie hört den Atem, sieht den Schatten, der sich an der Tür ausbreitet und von den weißen Wänden zurückgeworfen wird. Marie zieht weiter die Blätter heraus, stapelt sie neben dem wuchtigen Gerät, tut so, als sortiere sie die Kopien, um Zeit zu gewinnen. Ihre Hände zittern. Ein lauter Schlag lähmt die Atmosphäre. Ein dickes Paket Druckerpapier ist auf den Boden gefallen. Ohne den Kopf zu bewegen, senkt sie den Blick und späht nach rechts. Dann sucht sie einen scharfen oder schweren Gegenstand. Sie findet nichts. Sie spürt, dass ihr Herz jeden Moment aussetzt, ihre Atmung stockt, die Angst sie überwältigt. Der schwarze Schatten nähert sich dem Drucker. Eine Hand nimmt das Paket und legt es wieder ins Regal. Die Hand gehört einer Frau. Marie dreht sich um. »Entschuldige, ich warte auf den Kopierer. Der andere ist kaputt.« Ganz bleich im Gesicht, murmelt Marie zustimmend einige unverständliche Worte. Mathilde kommt näher, legt ihr die Hand auf die Schulter, fragt, ob es ihr gut geht. Marie dreht ihr den Kopf zu, um sie direkt anzusehen. Ihre Gesichter sind sich nah. Ihre Blicke verschmelzen. Sie spürt ihren Hauch auf den Wangen, riecht ihren fruchtigen Atem, den Duft ihres Parfüms. Dieser zarte, blumige, großzügige Wohlgeruch, eine

Mischung aus Grapefruit, Kamelie und einer Vanillenote, den sie in der Bank verströmt. Marie ist wie versteinert, hat den Arm noch nach dem Drucker ausgestreckt und versucht, wieder zu sich zu kommen, als wolle sie aus einem Albtraum erwachen.

»Ich ... ich glaube, ich hatte Angst. Ich hatte Angst, dass es jemand anders ist.« Mathilde wendet den Blick nicht von Marie ab. Sie geht auf sie zu, legt ihr langsam die Hand in den Nacken. Sie schwitzt. Ihre Augen leuchten. Ein feuchter Schleier trübt Maries Sicht. Mathilde legt das Gesicht an ihren Hals, flüstert ihr beruhigende Worte zu: »Ich bin es nur.« Marie schließt die Augen, spürt, wie Mathilde den Kopf wieder zurückzieht. Ihr Geruch entfernt sich, verfliegt. Mathildes Lippen legen sich sanft auf ihre. Marie lässt es geschehen, küsst sie, umfasst ihre Taille, drückt sie an sich. Ihre Scheide regt sich. Es ist sanft, harmlos, verständnisvoll. Jede Berührung ist eine Zärtlichkeit, ein kostbarer Augenblick, den ihr Körper annimmt. Sie ist nicht mehr der Körper einer Frau. Sie ist DER Körper. Sie ist Mann und Frau. Sie hat kein Alter mehr, kein Geschlecht, keine Schuld, keine Wut und keinen Schmerz. Alles endet hier unter Frauen. Marie findet ihre Sehnsüchte von früher wieder, als sie noch ein junges Mädchen war. Abends vor dem Schlafengehen, vor Blicken geschützt, streichelte sie sich. Die Unterhose war feucht, die Scheide geschwollen und duftend. Mit vierzehn Jahren entdeckte sie das erste Beben der Lust, als nur ihr Körper nach ihr rief. Nichts drang von außen in ihren intimen Raum. Marie war die Einzige, die hier handeln durfte.

Als sie die Augen öffnet, löst sich Mathilde langsam von ihr, die Hände noch in ihrem Haar. Weiter werden sie nicht gehen. Dieser Kuss ist ein Versprechen. Mathilde möchte, dass Marie niemandem etwas davon erzählt, schweigen kann sie ja schließlich. Marie verspricht es ihr. Mathilde verlässt den Raum, wirft ihr noch einen letzten Blick zu. Sie mustern sich einen Moment, suchen sich. Sie ist keine alte Frau, die sie zufällig auf der Straße getroffen hat. Sie ist ein junges, zweiundzwanzigjähriges Mädchen, vergewaltigt und vielleicht auch schwanger von ihrem Peiniger. Noch ist das Geheimnis gut gehütet. Die Stille bleibt für immer König. Die beiden Frauen finden sich und verneigen sich vor ihm. Sie sprechen nicht mehr darüber.

MARIES UND LAURENTS Verhältnis hat sich seit dem letzten Streit nicht verbessert. Der Scheidungsprozess, der ihren Mann seit Monaten beschäftigt, ist bald abgeschlossen, und den Medien zufolge stehen die Chancen seines Mandanten gut, drei Viertel seines Vermögens zurückzubekommen, obwohl gegen ihn eine Anzeige wegen Vergewaltigung einer Minderjährigen vorliegt. Es gibt keine Gerechtigkeit. Weder sexuell noch gesellschaftlich. Doch in den letzten Wochen hat Marie viel nachgedacht. Sie bereut ihre Verantwortungslosigkeit. Sie würde die Situation gerne wieder in Ordnung bringen, die Schäden beheben, die sie mit ihren Wutanfällen angerichtet hat, ihrem Mann erklären, wie überzogen ihre Reaktion war, sich für all die Tage entschuldigen, an denen er in Unverständnis, Kummer und Wut versunken ist. Sie verzeiht ihm die Ohrfeige. Sie verzeiht ihm den Prozess, wenn nur alles wieder wird wie früher.

Am Ende ihres Arbeitstags in der Bank ruft sie Laurent in der Kanzlei an, um ihm vorzuschlagen, noch am selben Abend sein Lieblingsrestaurant auf der Île de la Cité zu besuchen. Er wirkt überrascht. Er versteht den plötzlichen Sinneswandel nicht, aber willigt ein. Auch er möchte gerne alles wieder in Ordnung bringen. Roxane kann auf den kleinen Thomas aufpassen, damit Marie und Laurent in Ruhe wieder zueinanderfinden können. Ihre Schwester wartet schon so lange darauf, sich nützlich zu machen, dass sie begeistert zusagt.

Diesen Monat hat Marie zwei Kilo abgenommen. Für das Versöhnungsessen mit ihrem Mann hat sie in den Galeries Lafayette ein sündhaft teures kleines Schwarzes gekauft. Als sie es zu Hause noch einmal anprobierte, traute sie sich nicht, das Preisschild zu entfernen, aus Angst, es passe ihr doch nicht. Laurent macht sich im Badezimmer fertig. Sie liebt es, ihm dabei zuzusehen, wie er sich anzieht, frisiert, liebt den Geruch seines Deodorants, das kurze, gleichmäßige Surren des Rasierapparats auf seiner Haut, das Schwappen des angestauten Wassers. Manchmal glaubt sie, dass die Vertrautheit zwischen ihnen Grund genug wäre, ihm alles auf der Stelle zu gestehen, nicht länger zu warten. Sie könnte ihm alles sagen, ihm ihre Situation von Anfang an erklären, das schreckliche Räderwerk, in das sie geraten ist. Monate voller Wahnsinn, Lügen, verzweifelter Versuche, allem ein Ende zu setzen. Aber Marie fehlt der Mut. Sie schweigt und hilft Laurent, die Krawatte zu binden. Er sieht sie zärtlich an. Er hat das Gefühl, dass er seine Frau noch nie so sehr geliebt hat wie an diesem Abend. »Du bist wunderschön, Schatz. Ich liebe dich, ich liebe dich so sehr.« Er umarmt sie, küsst sie, atmet ihren Geruch tief ein. Marie hält sich aufrecht, dann entspannt sie sich, aus Angst, diese erste Annäherung mit ihrem Mann heute Abend zu verderben.

Roxane kommt, beladen mit Spielsachen, Bonbons und Chips. Laurent und Marie erscheinen Seite an Seite im Flur. »Ihr seht beide überwältigend aus! Da kann ich mit meinem Jogginganzug nicht mithalten, aber ich habe bestimmt auch einen großartigen Abend mit meinem kleinen Lieblingsneffen!« Roxane geht zu Thomas und nimmt ihn auf den Arm. Sie kuschelt mit ihm, drückt sein Gesicht an ihres, bedeckt seine Stirn, seine Hände und Füße mit zärtlichen Küssen. Das Baby lächelt. Unten wartet das Taxi. Laurent und Marie winken ihrem Sohn und Roxane ein letztes Mal zu und verlassen die Wohnung, um sich auf den Weg ins Restaurant zu machen.

Zum ersten Mal seit ihrem Einzug nimmt Laurent seine Frau an die Hand, als sie die Treppe hinuntergehen. Sie hat das Gefühl, wieder zwanzig Jahre alt zu sein. Erinnerungen strömen auf sie ein. Der Blick, mit dem Laurent sie ansieht, verunsichert sie genauso wie bei ihrem ersten Treffen auf der Party. Die Zeit verfliegt manchmal so schnell. Und dann wurden die Tage immer länger, als spielten die Uhren verrückt. Sie ist zerknittert, verlebt, manipuliert, ihr Gesicht zerschunden von den unsichtbaren Bürden. Aber heute Abend mag sie ihr Spiegelbild im Fenster des Taxis. Ihr blondes, fließendes Haar, das ihr auf die Schulter fällt, ihr hübsches, tief ausgeschnittenes schwarzes Kleid, ihre geschminkten Augen. Sie findet wieder zu sich. Laurent verändert sich nie. Er sieht von Tag zu Tag besser aus, heute Abend besonders gut. Die Île de la Cité taucht vor ihnen auf. Nachts erstrahlt die Wiege von Paris in ihrer ganzen Schönheit. Im Wasser der Seine spiegeln sich die breiten Fassaden, die das Ufer säumen, in all ihren Einzelheiten. Notre-Dame wacht in der Ferne, beschützt die nahen Stadtviertel. Laurent liebt es über alles, hier spazieren zu gehen, im August, wenn die Hitze in den Justizpalast dringt, bei Bertillon ein Eis zu essen.

Im Restaurant ist es voll, aber nicht laut. Die Gäste wissen sich zu benehmen. Der Oberkellner führt sie zum Tisch, den sie reserviert haben. Marie beobachtet von weitem die Lastkähne, die am Ufer der Seine vertäut sind. Sie könnte hier stundenlang sitzen, versunken in das Pariser Stadtbild, das sie so liebt. All die Lichter, diese Schönheit trifft sie mitten ins Herz. Es schnürt ihr die Kehle zu. Sie sieht ihren Mann an. Sie wird ihm alles sagen. Sie liebt ihn. Sie kann ihn nicht länger belügen. Laurent nimmt ihre Hand, auch er ist gerührt. Die Bedienung unterbricht den Augenblick, um die Bestellung aufzunehmen. »Wir haben uns für das Menu Dégustation entschieden. Und eine Flasche Veuve Clicquot Brut, der Lieblingschampagner meiner Frau.«

Marie lächelt. Aber sie kann nicht umhin, an Laurents Mandanten zu denken. Ihr Essen wird zum Teil von einem Kindervergewaltiger bezahlt, mit den überhöhten Honoraren, die ihr Mann einnimmt. Sie verjagt den Gedanken. Sie denkt wieder an Mathildes Kuss. Alles überlagert sich. Sie kämpft mit sich, zieht eine Grimasse, lächelt. Laurent bemerkt von all dem nichts. Sie essen weiter.

Roxane wiegt Thomas auf dem Sofa, dann steht sie auf, trägt ihn in sein Zimmer. Er schläft sofort ein, aber sie nimmt das Babyfon trotzdem mit ins Wohnzimmer. Heute Abend will sie einen Film ansehen, aber sie weiß nie, für welchen sie sich entscheiden soll. Wenn sie ihren Mann fragt, ist sie immer enttäuscht von seinen Vorschlägen, oft fällt die Wahl auf amerikanische Blockbuster. Egal, wenn sie im Internet nach »Filme, die man gesehen haben muss« sucht, findet sie bestimmt etwas Interessantes zum Herunterladen. Sie sieht sich nach dem Laptop ihrer Schwester um. Er ist nicht im Wohnzimmer. Roxane geht in Maries Zimmer. Der zugeklappte Laptop steht gut sichtbar auf ihrem Schreibtisch am Fenster. Sie trägt ihn ins Wohnzimmer. Der Bildschirm schaltet sich ein. Sie muss ein Passwort eingeben. Marie hat ihr irgendwann einmal anvertraut, dass sie bei allen Computeranwendungen immer dasselbe Passwort benutzt. Ihren Vornamen, den ihrer Schwester und den ihrer Mutter, gefolgt von ihrem Geburtsjahr, alles zusammengeschrieben. »MarieRoxaneIrène1980«. Roxane findet diese Gedächtnisstütze angesichts des möglichen Sicherheitsrisikos äußerst fragwürdig, aber wollte ihrer Schwester nichts sagen, aus Angst, sie zu beunruhigen. Ein Dutzend Fenster öffnen sich in verschiedenen Programmen. Sie schließt eins nach dem anderen. »Lieber Laurent, du weißt nicht, wer ich bin oder in welcher Situation …« Roxane kann nicht anders, als weiterzulesen. Die Wörter ziehen vorbei. Sie hört nicht auf. Die Gewalt nimmt zu. Ihre Pupillen schmerzen, so ungebremst, ungebrochen ist ihr Lesetempo. Es zerreißt ihr das Herz. Ihre Brust droht zu bersten. Sie knallt den Laptop zu. Sie kann nicht mehr. Sie versteht alles. Sie schluchzt, bekommt plötzlich kaum noch Luft. Die Angst lähmt sie. Sie begreift, was ihrer Schwester wirklich passiert ist. Sie hat das Gefühl zu ersticken, öffnet das große Fenster. Ein Mann im Gebäude gegenüber winkt ihr zu. Roxane sieht ihn angewidert an. Der Laptop steht noch auf dem Sofa. Sie geht zurück und liest Maries Brief erneut. Der Schock bleibt. Nicht ihre Schwester hat diesen Brief geschrieben. Die Worte sind zu heftig, brutal, furchtbar, gewagt, schmutzig. Diese Sätze sind nichts als ein Haufen Müll, geschrieben von einer brünstigen Wilden. Ihr Kind töten, ihren Mann, ihre Familie belügen, Selbstmord begehen. Nichts kann diese Worte rechtfertigen, nicht einmal eine Vergewaltigung. Das Baby ist unschuldig. So viel Energie für derart abscheuliche, verhängnisvolle Entscheidungen aufzuwenden, das kann nicht länger geheim bleiben. Sie muss mit ihrer Schwester reden. Marie muss Laurent die Wahrheit sagen, sonst wird sie es tun.

Das Dessert wird serviert. Granny-Smith-Apfel, Eclair mit Mandelcreme und Zitronentarte mit Baiser. Alles ist perfekt, das Essen vorzüglich, das Ambiente überwältigend. Laurents Beine streifen ihre zärtlich unter dem Tisch. An einem einzigen Abend wird alles wieder normal. »Es ist wirklich schon lange her, dass wir das letzte Mal einen so schönen Abend zusammen hatten. Weißt du, eine Zeit lang habe ich gedacht, ich würde dich verlieren, dass meine Frau verschwunden ist.« Jetzt ist der Moment. Sie wird es ihm sagen. In dieser perfekten Umgebung wird er keine Szene machen. Er wird Mitleid mit seiner Frau haben, vielleicht sogar Verständnis für sie. »Aber jetzt ist es vorbei. Alles ist wie früher, nichts hat sich verändert. Ich bin immer noch genauso verrückt nach dir.« Sie kann es nicht tun, es ist zu schwierig.

Laurent lässt ihr keine Chance, die Wahrheit zu sagen. Er bezahlt die Rechnung und beschließt aufzubrechen. Marie bittet am Empfang darum, dass sie ihnen ein Taxi rufen. Laurent lehnt ab, er möchte den schönen Abend noch genießen und mit seiner Frau das Seineufer entlangschlendern. Diese Nacht soll niemals enden. Der Empfangschef ist gerührt von der aufrichtigen, einfachen, kein bisschen kindischen Liebe dieses Paars. Marie willigt ein, schlüpft in den Mantel. Die Nacht ist mild, sie werden spazieren gehen. Auf der Suche nach der verlorenen Freude erneuert sich die Liebe.

Roxane sucht schon seit Stunden nach einem weiteren Beweis. Einem Brief, einem Indiz, einer Fotografie, einer E-Mail, versteckten oder gelöschten Hinweisen im Internetverlauf auf dem Laptop ihrer Schwester. Nichts. Nur dieser Brief. Sie weiß nicht, wie sie reagieren soll, wenn das Paar nach Hause kommt. Soll sie alles überspielen oder lieber sofort vor Laurent enthüllen? Roxane schwankt zwischen Panikattacken und Momenten der Vernunft. Sie hält das Handy umklammert, will ihre Mutter anrufen und ihr alles erzählen. Dann denkt sie, dass das doch keine gute Idee ist. Es ist besser, kurz zu warten. Sie setzt sich in einen Sessel, um nachzudenken.

Sie steht auf und geht in Thomas' Zimmer. Er schläft tief und fest. Seine Musik-Deckenleuchte dreht sich noch und wirft hunderte kleine, leuchtende Sterne auf die weißen Wände. Auf Zehenspitzen beugt sich Roxane langsam und geräuschlos über Thomas' Bett. Sie sucht ihn ab, mustert heimlich jeden Fleck Babyhaut. Von der Nase zu den Händen, der Augenform zu den Zehen. Sie sieht keine Ähnlichkeit. Roxane schämt sich. Über sich selbst und ihr Verhalten. Auch wenn Laurent nicht der Vater des Babys ist, liebt sie ihren Neffen. Wird ihn immer lieben. Sie geht zurück ins Wohnzimmer. Es ist schon nach Mitternacht. Marie und Laurent werden bald nach Hause kommen. Sie friert, spürt, wie der Schweiß und die Feuchtigkeit der Panik in ihre Kleidung dringen. Die Bewegungen ihrer klammen Hände sind ungelenk. Ihr Körper löst sich von ihrem Geist. Ihr Handy klingelt. Marie schreibt, dass sie ungefähr in einer Stunde zurück sind. Sie hält es nicht aus, hat das Gefühl, dass sie krank wird. Ihr ist übel, sie rennt zur Toilette, um die Käsechips zu erbrechen. Zu spät. Klebrige, gelbe, rote Brocken verteilen sich auf dem Parkett im Flur. Roxane sinkt gegen die Wand. Tränen laufen ihr über das Gesicht. Sie geht in die Küche, um einen Plastikbeutel zu holen. Sie sammelt die halb verdauten Essensreste mit großen Handgriffen ein, stopft sie ganz unten in den Beutel. Ein starker säuerlicher, beißender Geruch breitet sich aus. Ihr fällt wieder ein, was ihre Mutter ihr erzählt hat, als sie Maries Wohnung verlassen hat, an dem Morgen, nachdem sie Thomas hatte zurückbringen wollen. »Ich habe sogar Erbrochenes und Damenbinden voller Blut auf dem Küchenboden gefunden.«

Es ist 2 Uhr morgens. Roxane ist eingeschlafen. Marie weckt sie sanft. »Du kannst hier schlafen, Süße, aber bleib nicht auf dem Boden liegen, komm, ich ziehe die Couch für dich aus.« Roxane öffnet die Augen. Das Gesicht ihrer Schwester taucht plötzlich vor ihr auf. Sie schreckt hoch, springt auf. Marie ist überrascht, wundert sich, was los ist. Ihre Schwester spricht laut, panisch, sieht sich nach ihrer Tasche und ihren Sachen um. »Nein, ich muss gehen. Ich habe ... Ich muss ... Ich habe morgen viel zu tun. Ich muss wirklich los.« Laurent hält sie im Flur zurück. Er bittet sie, wenigstens zu warten, bis er ihr ein Taxi gerufen hat. Roxane lehnt ab, sagt ihm, sie finde schon eins auf der Straße. Aufgewühlt und verloren, unschlüssig, wie sie sich Marie gegenüber verhalten soll, nimmt Roxane sich keine Zeit, den Mantel anzuziehen, reißt den Schal so gewaltsam vom Kleiderhaken, dass er sich dabei aus der Wand löst, und flüchtet ins Treppenhaus.

Der zugeklappte Laptop liegt noch auf dem Teppich. Maries Blick fällt auf das Gerät. Eine Sekunde nur. Sie dachte, sie hätte ihn in ihrem Zimmer gelassen. Ihre Aufmerksamkeit schweift ab, sie eilt in den Flur, um ihre Schwester noch einzuholen. Sie bittet Roxane, ihr wie immer eine Nachricht zu schicken, wenn sie gut zu Hause angekommen ist. Roxane beachtet sie nicht und rennt weiter die Treppe hinunter.

Laurent und Marie sind betrunken. Sie haben eine Flasche Champagner, einen Liter Wein und mehrere Digestifs getrunken. Ihnen ist nicht bewusst, was passiert. Das Leben und der Rausch gönnen ihnen noch ein bisschen Ruhe vor der Katastrophe. Laurent sinkt aufs Sofa. Marie legt sich auf ihn. Sie schlafen eng umschlungen ein, gelassen und vertrauensvoll.

MARIES NERVEN WERDEN heute Morgen aufs Äußerste strapaziert. In der Bank wimmelt es von Kunden. Aus ihrem Bürofenster kann sie die lange Warteschlange hinter dem Schalter erkennen. Gestern haben Laurent und sie für ein ganzes Jahr getrunken. Sie erinnert sich nicht mehr genau an den Heimweg, alles ist verschwommen, aber sie weiß noch, dass sich ihre Schwester komisch verhalten hat. Sie hat es entschieden abgelehnt, bei ihnen zu übernachten, weil sie am nächsten Tag angeblich wichtige Dinge erledigen muss. Sie ist mitten in der Nacht ins Treppenhaus geflüchtet, ohne ein Taxi zu rufen und ohne Marie Bescheid zu sagen, ob sie gut nach Hause gekommen ist. Marie greift nach dem Glas Wasser mit dem Aspirin und leert es in einem Zug. Gleichzeitig nimmt sie das Handy, um ihre Schwester anzurufen. Es meldet sich nur der Anrufbeantworter. Es ist erst 9 Uhr, vielleicht hatte sie heute Morgen noch keine Zeit, ihr Handy einzuschalten. Marie ruft ihre Mutter an. Sie nimmt auch nicht ab. Von einem leichten Schwindel erfasst, beschließt sie, Julien eine Nachricht zu schicken, um sich zu vergewissern, dass alles in Ordnung ist.

Ein Termin folgt auf den nächsten. Mathilde kommt kaum noch in ihr Büro. Marie würde sie gerne sehen, nah bei sich spüren, sie hat ihr mehrmals angeboten, Mittag essen zu gehen, aber Mathilde hat per E-Mail abgelehnt. Seit ihrer Krankschreibung ist sie mit Arbeit überlastet. Marie hat nicht weiter darauf bestanden. Die meiste Zeit verbringt sie mit Hervé. Zwischen den Terminen kommt er in ihr Büro und sagt, dass er heute früher gehen wird. Marie ist überrascht. In den letzten fünf Jahren hat Hervé die Bank nie vor 19 Uhr verlassen. »Wegen meiner Frau. Sie will, dass wir heute Abend zusammen essen gehen. Ich habe zugesagt.« Marie zieht eine Grimasse, fragt, ob er sich sicher ist, dass dahinter nicht wieder eine machiavellistische, boshafte List steckt, von der nur seine Frau und seine Tochter wissen. »Ich habe den Käfig von Cissy heute Morgen vor der Arbeit bei meinem Nachbarn abgestellt. Nur zur Sicherheit. Nach zwanzig Jahren Ehe kenne ich meine Corinne.«

Es ist 13 Uhr. Die Gittertüren der Bank schließen um die Mittagszeit. Über das gedämpfte Quietschen des Mechanismus hinweg hört Marie die Stimme ihrer Schwester. Sie ist sich sicher, dass sie es ist. Sie verlässt ihr Büro und geht zum Hauptschalter. »Marie, hast du Zeit, zusammen zu Mittag zu essen?« Roxane sieht sehr müde aus. Ihre Lider senken sich über ihre Augen. Marie kennt ihre Schwester. Sie weiß, dass etwas nicht in Ordnung ist. »Was ist denn los mit dir? Warum bist du gestern Abend einfach weggegangen? Und du hast mir nicht einmal geschrieben, dass du gut nach Hause gekommen bist. Das machen wir doch immer.« Roxane antwortet nicht. Sie scheint, nach etwas Ausschau zu halten. Marie ärgert sich, bittet sie entschieden, ihr jetzt endlich zu sagen, was los ist.

Die beiden Schwestern einigen sich schließlich darauf, essen zu gehen und sich dort zu unterhalten. Für Marie ist mittags immer ein Tisch im Merlot reserviert, einer kleinen Brasserie an der Ecke der Rue de Bretagne und der Rue des Archives. Der Tisch im hinteren Teil, derselbe seit zwei Jahren. Jonathan, ihr Exfreund aus dem Gymnasium, hat das Restaurant ungefähr fünf Jahre, bevor sie in der Bank angefangen hat, übernommen. Roxane hat auf dem Weg kein Wort gesagt. Wenn man durch Paris geht, muss man das Gespräch nicht unbedingt in Gang halten. Darum kümmert sich die Stadt. Lautstark telefonierende Fußgänger, hupende Autos, mit Kunden handelnde Verkäufer, beim ersten Sonnenstrahl überfüllte Terrassen, der Hall der Schritte, die allgemeine Beschwingtheit auf dem Asphalt. In Paris ist man nie allein.

Marie will ihre Schwester nicht drängen, sie wartet geduldig, dass sie das Gespräch beginnt. Roxane senkt den Kopf, stochert auf dem Teller herum, pickt mit der Gabel ein paar Fleischstücke heraus. Marie ruft die Bedienung am Tresen und fragt, ob sie noch ein bisschen Senf für ihr Steak haben könnte. Sie spürt einen festen Druck am Arm, dreht sich um. Roxane sieht ihr jetzt direkt in die Augen, hat sich leicht zu ihr vorgebeugt. »Ich weiß alles, Marie. Ich habe gestern Abend den Brief auf deinem Laptop gelesen.« Marie schweigt. Instinktiv verteidigt sie sich, wird aggressiv, fragt, von welchem Brief sie spricht. »Ich wollte mir auf deinem Computer einen Film raussuchen. Ich meine das Dokument MLT. In dem du eindeutig erklärst, dass Thomas nicht Laurents Sohn ist, sondern der Sohn von … Wie auch immer, ich habe alles gelesen. Ich weiß, was dir passiert ist. Du musst es Laurent sagen, du hast kein Recht, ihm das anzutun.« Marie starrt sie an. Roxanes letzter Satz hallt nach. Ein übermächtiges Echo, unmöglich zu ignorieren. Eine so unfassbare Wut macht sich in ihr breit, dass sie darüber nachdenkt, ihrer Schwester Gewalt anzutun. Marie will sie erwürgen, damit sie schweigt, ihr ein Messer in die Kehle stoßen oder einfach alles rückgängig machen und das Dokument löschen. Sie hatte es nicht über sich gebracht. Dieser Brief ist der einzige Beweis, dass all das wirklich passiert ist. Sie konnte sich nicht dazu durchringen, ihn zu löschen. Sie erinnert sich noch sehr gut an den Moment, als sie diese Worte geschrieben hat, wie verzweifelt sie körperlich und seelisch gewesen war. Allein zu Hause. Verrückt und schmutzig. Wie sie in ihrem Blut und ihrem Dreck watete. Roxane könnte das niemals verstehen. Ihre Mutter hat sie verraten. Es spielt keine Rolle, ob es nur aus Sorge ist, ihre eigene Familie wendet sich heute gegen sie.

»Du weißt gar nichts, nichts von dem, was mir passiert ist. Ich bitte dich, schweig. Ich will es ihm jetzt nicht sagen, das würde er nicht verkraften. Ich kann es nicht.« Roxane lässt nicht locker, schöpft alle Argumente aus, um sie davon zu überzeugen, die Wahrheit zu sagen. Sie redet immer weiter. Ihre Worte gehen Marie auf die Nerven. Ihr mitleidiger Blick widert sie an. Sie soll jetzt endlich den Mund halten. Roxane sagt, dass sie keine Wahl hat, dass sie alles gestehen muss. Endlich kommt das Wort »Vergewaltigung« über ihre Lippen. Marie hat Lust, ihr den Teller mitten ins Gesicht zu schleudern. Dass die Weinsoße über ihre erschöpften Gesichtszüge tropft. Dass das Essen in ihre Nasenlöcher läuft, bis sie erstickt. Sie wird auf den Boden stürzen und schweigen. Marie umklammert das Handgelenk ihrer Schwester. Sie drückt fest zu. Spannt den Unterarm an. Sie will ihr die Knochen brechen. Marie löst sich langsam vom Stuhl. Aber sie will im Restaurant keine Szene machen. Ihr Gesicht ist dem ihrer Schwester ganz nah. Sie verdreht ihr das Handgelenk. Roxane stöhnt auf. Sie sieht Marie angsterfüllt an. Mit leiser, aber fester Stimme, immer noch an ihre Schwester geklammert, entschließt sich Marie für die Aggression: »Jetzt hör mir mal gut zu. Laurent wird nichts erfahren, weil du ihm nichts sagst. Das ist meine Sache. Meine Vergewaltigung. Ich schlage mich schon die ganze Zeit alleine durch, und zwar so, wie ich es für richtig halte. Ich brauche keine Moralpredigt von einer Klugscheißerin wie dir. Ich bin nicht mehr dieselbe. Die nette, reizende Marie, die in ihrer schönen Wohnung

Orangenkuchen backt, mit ihrem netten, reizenden Mann, in ihrem netten, ach so reizenden Leben. Ich bin zu allem fähig. Ihr habt ja keine Ahnung, nicht die geringste Ahnung.« Zum ersten Mal hat Roxane Angst vor ihrer Schwester. Ihre Stimme hat sich verändert, ihr Tonfall, ihre Gesten und Worte. Marie hat recht: Sie ist nicht mehr dieselbe Frau. Roxane zieht das Handgelenk mit einem Ruck weg. Marie lehnt sich langsam wieder zurück und fragt nach der Rechnung. Es war eine Drohung, eine schlichte Drohung. Deutlich und wortgewandt. Roxane nimmt ihre Sachen von der Stuhllehne und verlässt ohne ein Wort das Restaurant. Marie steht unter Schock nach dieser Auseinandersetzung. So hat sie noch nie mit jemandem geredet. Ihre Beine zittern unter dem Tisch. Das Unglück ist geschehen, ein anderer weiß alles.

Ihr Verstand ist getrübt. Sie wäre gerne allein, weit weg vom Trubel. Sie hat heute nur noch zwei Termine. Sie kann die zarten Sonnenstrahlen des Frühlings genießen und eine Weile spazieren gehen. Sie sieht den spielenden Kindern beim Schaukeln im Square du Temple zu. Sie war auch einmal ein Kind. Unschuldig, unwissend, ungeduldig in ihrer Jugend, auf das, was das Leben für sie bereithält. Jemand pfeift ihr hinterher. Bauarbeiter beobachten sie grinsend von der anderen Straßenseite aus. Sie bleibt auf ihrer Höhe stehen, hocherhobenen Hauptes, mit starrem Blick. Sie verstummen schlagartig. Sie können ihr noch so sehr hinterherpfeifen, sie beleidigen, vögeln oder vergewaltigen, Marie wechselt nicht den Gehweg.

LAURENT SCHLÄFT TIEF und fest. Wie jeden Morgen hört Marie seinen stoßweisen Atem, sein anhaltendes Schnarchen. Sie liegt dicht bei ihm, wird vom Fieber geschüttelt. Endlich wird Marie krank, ihr Körper reagiert auf die Angst. Sie zittert so heftig, dass Laurent aufwacht. »Was ist denn los? Bist du krank?« Sie sagt, dass ihr sehr kalt ist. Er nimmt sie liebevoll in den Arm. Unschuldig streicht er ihr über die Scheide. Er schmiegt sich von hinten an sie, führt langsam die Finger in ihre feuchte Scheide und erfüllt Marie mit einem Verlangen, wie sie es lange nicht mehr gespürt hat. Das Fieber lässt sie fantasieren, sie nimmt nichts mehr bewusst wahr, nähert sich einem Zustand, aus dem es kein Zurück gibt. Sie will nicht mehr zu sich kommen, will für immer abgeschieden in diesem finsteren, unendlichen Raum bleiben, wo sie der Wahnsinn vor dem Wahnsinn schützt.

Sie geht alleine den Boulevard Voltaire entlang, völlig frei in ihren Bewegungen. Die Strahlen der Herbstsonne werfen ein kräftiges, angenehmes Licht auf die Häuserfassaden. Sie lässt sich Zeit und bleibt eine Weile an der Straßenecke stehen, um die milde Wärme zu genießen. Marie streckt das Gesicht zum Himmel, plötzlich hat sie das Gefühl, dass ihr Körper unterhalb der Taille abkühlt. Sie senkt langsam den Blick zu Boden. Blut läuft ihr den Hals hinunter zu den Füßen, ihre Sandalen sind von einer großen Lache triefnassem Fleisch überschwemmt, das auf dem Gehweg klebt. Sie rührt sich nicht mehr. Ihr Atem verlangsamt sich schleichend, schwerfällig. Sie bemerkt in der Ferne das Gesicht eines Mannes, der zusieht, wie sie sich am Boden krümmt, mit dem Tod ringt, ihr nicht zur Hilfe kommt. Es ist Laurent. Roxane ist bei ihrer Mutter und ihrem Vater. Sie stehen bedrückt auf einem Balkon, brüllen Laurent etwas zu, doch er hört sie nicht. Nur Marie versteht, was passiert. Sie sagen ihm die Wahrheit. Ihre Worte jagen ihr Angst ein, halten sie am Boden fest, ohne einen einzigen Ausweg. Sie kann nicht entkommen, kann ihm nicht sagen, dass das alles nur eine Lüge ist. Laurent horcht auf, aber die Schreie bleiben gedämpft. Ihm bleibt noch etwas Zeit. Marie windet sich, liegt schweißgebadet im Bett, rollt sich in den Armen ihres Mannes ein, gleichzeitig versucht sie, sich von ihm zu befreien. Laurent streichelt sie weiter. Er wird nie aufhören, sie zu berühren. Sie kämpft, will nicht aus der Bewusstlosigkeit auftauchen, die Augen nicht öffnen und weiter im dunklen Gewässer ihrer Fantasie treiben. Ihr lustvolles Stöhnen verbirgt die Tränen. Schreie. Im letzten Moment reißt sie der befriedigende Orgasmus aus dem Albtraum.

MATHILDE BEACHTET SIE nicht mehr. Seit einigen Tagen scheint sie ihr sogar aus dem Weg zu gehen. Marie hat mehrmals das Gespräch mit ihr gesucht, aber sie hat immer Ausreden gefunden, um nicht lange zu bleiben. Vor einem Monat hat Mathilde ihr eine E-Mail geschickt und erklärt, dass sie lieber alleine an ihren Projekten arbeite als im Zweierteam, das die Geschäftsleitung vorgesehen hat. Der »Erfahrungstransfer« ist gescheitert. Marie hat mit Hervé darüber gesprochen. Er hat ihr keinen Rat gegeben, zu beschäftigt ist er damit, die juristischen Strategien seiner Frau bei der Scheidung zu durchkreuzen. Ihre Verabredung letzten Monat hat sich schnell als Albtraum entpuppt. Seine Frau hat jemanden kennengelernt und will wieder heiraten. Es ist nicht bloß ein Abenteuer von ein paar Tagen, sondern ein regelrechtes Doppelleben, das sie seit über acht Jahren mit einem Nachbarn aus ihrem Viertel führt. Sie hat Hervé erklärt, dass ihre Ehe in Wahrheit nur ein paar Monate gutgegangen ist. Danach sei ihr bewusst geworden, dass sie ihn schon nicht mehr liebe. Bevor sie eine Scheidung in Erwägung zog, wollte sie ein Kind von ihm, um Anspruch auf Unterhaltszahlung zu haben und noch ein paar Jahre finanziell gut gestellt zu sein, bis sie sich dazu entschließen würde, wieder Arbeit zu finden. Als sie in ihr neues Haus zogen, das Hervé mit viel Mühe hatte bauen lassen, war Bernard der erste Nachbar, der sie willkommen hieß. »Ich hätte es wirklich jedem zugetraut, aber doch nicht Bernard. Wir sind sonntags zusammen angeln gegangen, haben bei unseren Waldspaziergängen aus dem

Nest gefallene Babytauben eingesammelt, und dann die Grillpartys, Geburtstage, Abende mit Freunden. Und die ganze Zeit über hat er meine Frau gevögelt. Und das Schlimmste ist, meine eigene Tochter wusste es und hat mir nichts gesagt. Im Gegenteil, sie hat sie sogar gedeckt, das kleine Biest.«

Marie will ihn nicht auch noch mit ihren Problemen belasten. Sie hat sogar vor, Laurent darum zu bitten, Hervés Verteidigung in diesem jämmerlichen Scheidungsprozess zu übernehmen, damit er sein Vermögen uneingeschränkt wiederbekommt. Das wäre die einzige Entschädigung für ihn.

Nach dem Mittagessen erhält Marie eine E-Mail von ihrer Chefin. Sie bestellt sie um Punkt 14 Uhr, ohne weitere Erklärung, in ihr Büro. Marie beschließt, alle aktuellen Dossiers mitzunehmen, an denen sie gerade arbeitet, um nicht unvorbereitet dazustehen. Sie weiß, dass die Verkaufszahlen der letzten Wochen schlecht waren. Sie wird bestimmt zurechtgewiesen. Marie holt tief Luft und stößt die Bürotür auf. Mathilde sitzt der Chefin gegenüber. Mit gesenktem Kopf, sie dreht sich nicht um. »Bitte setzten Sie sich, Marie.« Der Tonfall ist kühl, die Stimmung beklemmend. Marie hasst dieses Büro ohne Fenster. Die einzige natürliche Lichtquelle ist das Terrarium an der Wand. Marie dreht sich zu Mathilde um, sucht ihren Blick, um eine Erklärung für ihre Anwesenheit zu bekommen, aber Mathilde hält den Kopf weiter gesenkt.

Die Chefin wendet sich zuerst an Marie: »Also, offenbar gibt es ein Problem in Ihrem Zweierteam. Ich muss mich kurzfassen, weil ich gleich einen Termin habe. Sie werden nicht mehr zusammenarbeiten, da Mathilde Ihnen Mobbing und körperliche Belästigung vorwirft. Sie ist vor ein paar Tagen zu mir gekommen und hat sich über unerwünschte körperliche Annäherungen in der Bank, Nachrichten und Verletzung der Privatsphäre beschwert. Ich muss zugeben, dass ich eine Woche vor Quartalsabschluss eigentlich keine Zeit habe, mich um derartige Dinge zu kümmern. Es wäre besser, die Personalabteilung damit zu betrauen und die Gewerkschaft hinzuzuziehen, wenn der Sachverhalt geklärt ist. Aber vorerst möchte ich Sie aus Rücksicht auf das Arbeitsklima und das gesamte Team bitten, keinen Kontakt mehr zu haben. Ich werde Ihnen unterschiedliche Kundenportfolios zuweisen, Sie bekommen also neue Dossiers und müssen sich nicht mehr austauschen, bis wir eine langfristige Lösung gefunden haben. Oder haben Sie einen anderen Vorschlag?«

Marie ist schockiert. Sie schweigt, starrt einen Punkt auf dem Boden an. Sie muss sich verteidigen, aber aus ihrem Mund kommt kein Laut. Mathilde rührt sich nicht, bleibt unerschütterlich, wie angewurzelt auf dem Stuhl sitzen. Marie taucht wieder an die Oberfläche, versucht es zu begreifen: »Belästigung? Wovon ist hier eigentlich die Rede? Ich habe in meinem ganzen Leben noch nie jemanden belästigt!« Konfrontiert mit Mathildes Schweigen, springt Marie plötzlich vom Stuhl auf und packt sie am Arm, um sie zu schütteln. Mathilde versucht, sich zu schützen. Die Chefin schreit sie an, sie sollen augenblicklich aufhören, sonst rufe sie den Sicherheitsdienst, damit er sie trennt. Mathilde stößt Marie gegen die Glaswand des Terrariums. Die kleine Palme fällt gegen die Wand, Marie verliert das Gleichgewicht. »Du hast mich beim Drucker mit Gewalt geküsst! Du bist mir bis in meine Wohnung gefolgt, um mich auszuziehen und aufs Bett zu legen, du hast meine Schwäche nach der Trennung von meinem Freund ausgenutzt, um mir näherzukommen! Wag es noch einmal, ein einziges Mal, und ich zeig dich an! Hast du verstanden? Ein einziges Mal, und du landest im Knast!«

Die Chefin fordert Mathilde auf, sofort das Büro zu verlassen, und hilft Marie aufzustehen. Marie hält sich am Ärmel ihres Kostüms fest. An das Stück Stoff geklammert, wirft sie ihr einen letzten flehenden Blick zu: »Du weißt, dass ich nichts getan habe. Sie lügt.«

ZWEI WOCHEN BEURLAUBUNG. Das hat ihr die Personalabteilung nahegelegt, solange sie darauf warten, dass Mathilde in eine andere Filiale wechseln kann. Nur ihrer langjährigen Betriebszugehörigkeit hat Marie es zu verdanken, dass sie ihre Stelle behalten durfte. Sie hat sich nicht getraut, Laurent den wahren Grund zu nennen. Sie ist nicht krank, nicht besonders deprimiert. Sie hat ihm nur gesagt, sie brauche ein paar Tage Ruhe, um den Zurechtweisungen ihrer Vorgesetzten wegen ihrer niedrigen Verkaufszahlen zu entgehen, und wie immer hat Laurent seiner Frau geglaubt. Thomas ist kaum noch Teil von Maries Leben. Sie hat den Vertrag mit der Krippe hinter dem Rücken ihres Mannes neu verhandelt. Sie behalten ihn jetzt bis 20:30 Uhr. Manchmal hat Marie nach der Arbeit keine Lust, ihren Sohn abzuholen. Sie würde ihn gerne im Kindergarten verkümmern lassen. Sie würde ihn ganze Nächte dort im Stich lassen, wenn es möglich wäre. Laurent hat seine Frau gefragt, ob sie in den zwei Wochen nicht auf Thomas aufpassen will. Er dachte, das könnte sie ein bisschen aufmuntern. Sie hat schroff abgelehnt. Sie will die berufliche Auszeit lieber alleine genießen. Er hat nicht darauf bestanden. Marie hat ein Dutzend Nachrichten von Roxane bekommen. Sie fordert sie auf, Laurent endlich alles zu gestehen. Marie antwortet ihr nie. Sie will nicht überstürzt, ohne konkrete Lösung handeln.

Alleine in der Wohnung, versucht sie, die Geschichte zu rekonstruieren. Von ihrer ersten Begegnung mit Mathilde bis heute. Die Personalleiterin hat die Anschuldigungen der jungen Frau sehr ernst genommen, hat Marie mehr oder weniger verpflichtet, ihr Zugriff auf ihr firmeninternes E-Mail-Postfach zu gewähren und zum Betriebspsychiater in die Sprechstunde zu gehen. Sie sollte zu verschiedenen Belästigungssituationen im beruflichen und privaten Umfeld Stellung nehmen, dann sollte sie sich an alle Details erinnern, die ihr in der Angelegenheit hätten schaden können. Das alles schien ihr vollkommen absurd. Mathilde wollte ihr sicher die Stelle wegnehmen. Dass sie auch Opfer einer Vergewaltigung war, muss der Auslöser für ihre Lügen gewesen sein.

Die Tage folgen aufeinander ohne echte Veränderung. Am Morgen steht sie auf. Am Abend legt sie sich hin. Das Leben ist eine Ewigkeit, nichts bewegt sich, nichts verändert sich. Irgendwann denkt man das, was die anderen denken. Marie wird bewusst, dass sie Teil einer großen Maschinerie ist, persönlich zum Funktionieren eines Systems beiträgt, das beginnt, sie zu verraten. Als sie nach ihrem Mutterschaftsurlaub unfähig war, alleine zu arbeiten, brauchte sie eine Teampartnerin, eine Doppelgängerin, eine zweite jüngere und hübschere Marie, die die Dossiers übernehmen konnte und die Softwareprogramme beherrschte, mit denen sich Marie nicht auskannte. Marie war Mutter. Eine Nichtsnutzin. Ein Bauch, eine Vagina, aber sie hatte schon vor langer Zeit aufgehört, eine Frau zu sein. Während sie auf dem Sofa vor dem großen, geöffneten Fenster sitzt, stellt sie sich nicht mehr vor, etwas anderes zu leben oder anders zu leben. Das Stadtviertel, das sie früher so geliebt hat, ist trübselig und leer geworden. Wie diese Straßen auf dem Land, wo nie jemand vorbeifährt. Oder wie Straßen ohne Ende, ohne Kurven, ohne Abzweigungen, ohne die Möglichkeit auszubrechen, ohne Alternativen. Pfade, bei denen man weiß, dass sie schon feststehen, man sich zwingen muss, ganz gleich, was auch passiert, und meist passiert gar nichts, auf dieser Linie zu leben, sie nicht zu übertreten. Marie gehört jetzt zu den Menschen, die nicht mehr denken. Ihr Leben ist ermüdend, festgefahren, aber so ist es eben. Sie lernt jetzt nichts mehr außer Hass.

»DEN HABE ICH im Briefkasten gefunden. Was soll das heißen? Wieso hat deine Bank dich gezwungen, eine psychiatrische Untersuchung machen zu lassen?« Die Maschinerie läuft nicht mehr richtig, wirft ihrer Familie und Laurent plötzlich, ohne jeden Grund Indizien zum Fraß vor. Sie wird nicht in Panik verfallen. Sie wird ruhig bleiben, ganz unbefangen antworten, dass es sich dabei nur um eine Routinebefragung im Rahmen einer staatlichen Gesundheitskampagne zur Belästigung am Arbeitsplatz handelt. Sie wählt ihre Worte, als hätte sie ihr ein Außenstehender diktiert. Laurent fragt nicht weiter nach, weist seine Frau aber darauf hin, dass sie durchaus das Recht hat, einen derartigen Test unter Berufung auf die »ärztliche Schweigepflicht« abzulehnen. Marie fühlt den Drang zu lachen, aber sie spannt das Gesicht an, ballt die Fäuste, damit sich nicht die Spur eines Lächelns andeutet. Die ärztliche Schweigepflicht kennt sie besser als irgendwer sonst. Sie beendet das Gespräch, indem sie ihren Mann küsst und sich versprechen lässt, dass er ihre Post nicht mehr ohne ihr Einverständnis öffnet. Briefe mit dem Stempel der Bank sind immer für sie, es ist besser, wenn das klargestellt ist.

Marie hat jeden Montag, wenn sie zur Arbeit geht, das Gefühl, aus dem Urlaub zurückzukommen. Auf dem Weg zur Bank bringt sie den kleinen Thomas in die Krippe. Während ihrer Krankschreibung hat Laurents Mutter darauf bestanden, sich eine ganze Woche um ihn zu kümmern. Marie hat den Erzieherinnen erzählt, dass sie während dieser Zeit alleine auf ihren Sohn aufgepasst hat. Sie weiß nicht, warum sie lügt. Das Lügen tut ihr gut, erleichtert ihr die Realität. Marie findet nie den Mut zu direkter Ehrlichkeit, sie lügt erst ein wenig, bevor sie die Wahrheit durch kleine Details enthüllt. Eine Lüge glaubhaft zu gestalten, ist eine komplexe Angelegenheit. Man darf nicht aus Unachtsamkeit Fehler machen.

Die neue Leiterin der Krippe stellt sich Marie vor: »Ich bin Brigitte Renate. Ich wollte heute Morgen mit Ihnen sprechen. Haben Sie kurz Zeit für einen Kaffee? Nur fünf Minuten.« Die dicke Frau lässt ihre Hand nicht los, fixiert sie mit ihrem Blick. Marie spürt, dass sie keine Wahl hat, und erklärt sich bereit, ihr zu folgen. Im Gegensatz zu den anderen Müttern ist sie noch nie weiter hineingegangen als bis zum Eingangsbereich. Sie hat immer auf dem Sofa gewartet, dass ihr eine der Angestellten Thomas zur vereinbarten Zeit herausbringt. Sie haben ihr mehrmals angeboten, einen Rundgang durch die Krippe zu machen, ins Spielzimmer zu gehen und ihrem Sohn zuzusehen, aber sie konnte nicht. Der Geruch hat zu viele negative Erinnerungen geweckt: die Desinfektionstücher in der Entbindungsstation, die Ausdünstungen warmer Milch, das Knistern der antimikrobiellen Schuhüberzieher aus Plastik. An der Wand im Flur hängen hunderte Kinderzeichnungen, direkt neben Plakaten von staatlichen Gesundheitskampagnen zu Impfungen oder den Risiken einer Grippe bei Säuglingen. Große Aufkleber mit Margeriten und Teddybären verzieren die Türen. Marie weiß, dass sich alle in der Krippe einen Spaß daraus machen, über sie zu reden, über ihren Status als Rabenmutter, den sie nicht zu verbergen versucht. Sie hört das Geflüster, die Gerüchte. Sie sieht die Gesichter, ihr falsches Lächeln.

Die Leiterin der Krippe kocht ihr in ihrem Büro einen Kaffee. Marie sitzt auf dem Stuhl, als sei sie im Begriff, am mündlichen Auswahlverfahren für die beste Mama des Jahres teilzunehmen. Der Kaffee brennt angenehm auf den Lippen. Brigitte Renate ist eine stattliche, schwere Frau, die mit ihrer Körperfülle Eindruck macht. Aber nach den ersten Gesprächsminuten fällt alles in sich zusammen. Die imposante Erscheinung wird durch die innere Schwäche ausgelöscht. Das breite, zu auffällige, scheinheilige Lächeln, die albern auf dem Schreibtisch gefalteten Hände, die zusammengekniffenen Augen, die das Wangenfett zu den Lidern hochdrücken. Diese Frau hat keinerlei Scharfsinn. Sie ist nicht intelligent und clever schon gar nicht. Sie kann Marie nichts anhaben. »Es tut mir wirklich leid, aber ich bin nur vormittags da, also ist es mit Terminen immer etwas schwierig. Ich würde Sie nur gerne ein bisschen kennenlernen, mir einen Einblick in Thomas' Umfeld verschaffen. Ich würde gerne wissen, ob Sie besondere Erwartungen oder Ansprüche haben, ob Sie zufrieden sind. Einige Mütter sagen, dass Sie sich hier vielleicht nicht so wohlfühlen ... Ich meine, Sie müssen wirklich keine Angst haben, in die Krippe zu kommen ... Wir sind ja für Sie da ...«

Marie fällt ihr ins Wort, erwidert, dass sie sehr in Eile ist, wenn sie abends hier ankommt, und keine Zeit hat, sich neben Thomas auf den Spielteppich zu legen oder sich über die Kugeln aufzuregen, die er versehentlich in die viereckigen Kästchen eingeordnet hat. Ihr Mann ist ein wichtiger Anwalt, er arbeitet Tag und Nacht an seinen Fällen. Sie muss sich alleine um Thomas kümmern, ihn waschen, füttern, in den Schlaf wiegen, ins Bett bringen. Die Leiterin hört zu, heuchelt Verständnis. Sie zeigt es nicht direkt, und vielleicht ist das gerade das Schlimmste, dass sie für diese Frau eine Art aufrichtige Anteilnahme empfindet, was im Grunde nur tiefe Verachtung für das ist, was sie verkörpert. Wegen Maries schroffen, fast schon aggressiven Tonfalls kürzt die Leiterin das Gespräch ab und begleitet sie zur Tür. Sie bedankt sich bei ihr, dass sie sich einen Moment Zeit genommen hat, und sagt, dass sie sich bei Bedarf jederzeit an sie wenden kann. Marie lächelt zustimmend. Sie stößt die Tür auf, dann überlegt sie es sich anders. »Ach ja, mit Thomas ist alles gut?« Die Erzieherin antwortet, es sei alles bestens, er sei bereits im Krabbelraum. Ihre Fehler häufen sich.

Marie weiß, dass es höchste Zeit ist, die Dinge wieder in Ordnung zu bringen. Erst ihre Mutter, dann ihre Schwester, Mathilde, die Krippe und bald auch Laurent. Der Raum aus Lügen schließt sich um sie. Sie ist gelähmt, verzweifelt, eine schleichende Anspannung ergreift jede Faser ihres Bewusstseins. Sie erkennt endlich die Erregung eines von der Norm abweichenden Lebens.

MARIE STELLT FEST, dass es nie gut ist, nicht mehr mit dem Ehemann zu schlafen. Es ist schwierig, mühselig, aber sie beschließt, sich mehr anzustrengen, um ihn in dem Glauben zu lassen, dass noch alles möglich ist. Sie masturbiert ihn langsam und starrt ihn dabei an, aber er kriegt keinen Ständer. Sein schlaffes, auf dem Oberschenkel eingezogenes Glied ekelt sie an. Laurent entscheidet sich immer für die typische Reaktion von Männern, die jedes Mal funktioniert und bei der Partnerin, die sich immer verantwortlich für die Situation fühlt, Mitgefühl und Mitleid erzeugt: das Einnehmen der Opferrolle. Einsam am Bettrand, die Hände an die Schläfen gepresst, den Kopf geneigt, mit vor Verzweiflung tiefer Atmung, nichts bleibt ihr bei dieser Komödie erspart. »Ich glaube, ich arbeite zu viel. Dieser Prozess treibt mich noch in den Wahnsinn. Wenn das alles vorbei ist, fahren wir in den Urlaub. Nur wir drei, wir lassen das alles hinter uns.« Marie löst sich vom Oberkörper ihres Ehemannes, auf den sie abends vor dem Einschlafen gerne den Kopf legt. Sie weiß, dass seit einigen Wochen großer Druck auf ihn ausgeübt wird. Im Laufe des Ermittlungsverfahrens im Fall Ponce wurden um die zwanzig Morddrohungen in die Kanzlei geschickt, davon waren etwa zehn direkt an ihn adressiert; große Tüten mit Rinderhirn und der Ankündigung, dass das nächste Mal sein eigenes darin liegt, Pakete mit Schweinefüßen, Zungen-Attrappen in Schmuckkästchen.

Doch Maries Instinkt sagt ihr, dass dahinter nicht nur der Kummer über die berufliche Enttäuschung steckt. Seit Tagen spürt sie die Anwesenheit »der anderen Frau«. Der Geliebten, der Hure, der Ehrlosen, der Schlampe, die die oft wackeligen Grundmauern eines verheirateten Paares einschlägt, niederreißt, plattdrückt. Einen untreuen Mann verrät immer der Geruch. Laurent schläft schnell ein. Marie schnüffelt am Körper ihres Mannes, leckt an seinem Hals, untersucht die Haare, die Hände auf dem Kopfkissen, nähert sich seinen Lippen, um seinen Atem zu riechen. Es existiert nicht mehr nur in ihrer Einbildung. Sie fühlt sich plötzlich von Laurent hintergangen. Er betrügt sie mit Julia, auch er lügt sie an. Jeder ist Kapitän seines eigenen Boots und steuert sein Geheimnis, so behände er kann. Marie dreht sich auf die andere Bettseite. Ihre Scheidenwände ziehen sich schmerzhaft zusammen, ihr Becken kippt leicht von links nach rechts. Ihrem Mann hat es immer gefallen, wenn sie während des Geschlechtsverkehrs masturbiert. Er will sehen, wie sie sich nur für ihn streichelt. Marie hat nie Gefallen daran gefunden, es während des Koitus zu machen. Ihre Hand wurde immer von der ihres Mannes geführt, der sie ermunterte, sich zu massieren. In der Jugend, als sie noch Jungfrau war, schien ihr ihre Sexualität unabhängiger als heute in ihrer Ehe. Wie alle jungen Mädchen in ihrem Alter hatte Marie es sich angewöhnt, beim Baden den Duschkopf einzuschalten und ihn ein paar Minuten auf ihre Scheide zu halten. Der Wasserstrahl war zu schwach, aber sie legte die Hand darauf, damit der Druck größer und der Strahl stärker wurde. Sie kam ständig zum Orgasmus, ohne Hilfe. Verlässt eine Frau diesen geschützten Raum, wird das sexuelle Leben, ohne Erfahrung mit der Sexualität zu zweit oder zu mehreren, schnell komplizierter. Bei all den Versprechen, die die erotische Kraft des Geschlechtsakts zwischen Mann und Frau zusichert, ist das Schuldgefühl bei einer nicht erreichten Befriedigung deprimierend. Für Marie war es eine echte Enttäuschung, als sie erkannte, dass ihr das Einführen eines Penis in ihre Vagina beim ersten Mal und den vielen Malen danach nicht so viel Befriedigung verschaffte wie ihr Duschkopf in Bois-le-Roi. Die männliche Sexualität ohne große Versprechungen, ohne Originalität, ohne Tragweite hat sie immer nur enttäuscht, angefangen bei ihrer Ehe bis zu ihrer Vergewaltigung. Vielleicht spürte sie sogar so etwas wie Mitgefühl für ihren Vergewaltiger, der zur Gewalt des Geschlechtsakts stand und sie vorsätzlich bei unschuldigen Frauen anwendete, es ebenfalls ablehnte, sich in der sexuellen Routine fangen zu lassen, die ihm seine Ehe auferlegte. Sein Glied war hart. Härter, als ihr Mann es je für sie gewesen war. Sie erinnert sich an das Gefühl, wie er ihr heftig in den Bauch geschlagen, ihr brutal das Kreuz verprügelt hat. Marie bereut manchmal, dass sie mit diesem Mann nicht im Einvernehmen sein konnte, dass sie bei diesem Zusammentreffen leidender Körper, der eine frustriert, der andere unterworfen, nicht die entsprechende Lust empfunden hat. Sie hätte etwas anderes als sein Opfer werden können, und er ein anderer Mann als ihr Peiniger. In dieser Nacht treiben sie viele widersprüchliche Überlegungen um, unmoralische Grübeleien, krankhafte Selbstbeobachtungen, angenehme Notizen, Rückblicke und alle möglichen Einsichten. Die Autos rasen auf dem Boulevard vorbei. Die Reifen rollen ununterbrochen auf der asphaltierten Straße. Bei jeder Erregung spürt sie ihren stolzen Körper vibrieren. Neben sich im Bett sieht sie nur ihr eigenes Gesicht.

Der kleine Thomas ist krank. Das Kind ist von fragiler Gesundheit. Es erträgt die Abwesenheit seiner Mutter nicht mehr. Marie muss bei ihm zu Hause bleiben. Sie opfert für ihn ihren einzigen freien Tag im Monat. Das Kind schreit seit einer Weile in seinem Bett. Marie hat sich in ihr Zimmer eingeschlossen, um sein Weinen nicht mehr zu hören. Sie wird Fieber messen, wenn sie ihm die Milch gibt, so kann sie alles auf einmal machen. Dann gibt es weniger Etappen, weniger Zeit, die sie ihm widmen muss.

Sie liegt auf dem Bett und sucht ihr Handy. Sie ist fest davon überzeugt, dass sie es gestern auf dem Nachttisch liegenlassen hat. Sie hat keinen Grund zur Panik. Seit ihre Schwester über ihre Situation Bescheid weiß, hat sie den Brief an Laurent auf ihrem Laptop gelöscht, das Passwort auf ihrem Handy geändert und alle verfänglichen Nachrichten mit Roxane beseitigt. Die Schreie im Flur werden lauter. Ein strenger Geruch nach Urin und Exkrementen strömt ins Wohnzimmer. Marie geht an ihrem Sohn vorbei, ohne ihn eines Blickes zu würdigen, besessen davon, ihr Handy zu finden. Sie sieht es auf dem Schränkchen neben der Wohnungstür. Hier hat sie es niemals liegenlassen. Sie erinnert sich genau, dass sie vor dem Einschlafen ihre E-Mails abgerufen hat. Laurent wühlt herum, späht sie aus, wagt sich vor, lässt seinen Zweifeln jetzt Taten folgen. Das Kind hört nicht auf zu schreien. Marie lässt sich dazu herab, Thomas die Windeln zu wechseln und ihn zu füttern. Für sie gibt es nichts Ekligeres, als ihrem Sohn dabei zuzusehen, wie er sein Fläschchen trinkt. Von dem sauren, warmen, süßen Geruch wird ihr jedes Mal übel. Seit Thomas' Geburt hat sie keinen einzigen Tropfen Milch mehr getrunken. Er schlingt die Milch hinunter wie ein Vielfraß. Seit gestern Abend hat er nichts mehr gegessen.

Gelegentlich kommt es wieder zu Vernachlässigung. Mehrere Tage in Folge kümmert sich Marie wie eine normale Mutter um ihren Sohn, es stellt sich Routine ein. Doch in der Woche darauf lässt sie ihn vor Hunger fast eingehen, in seinen Exkrementen planschen, von einem plötzlichen Drang gepackt, ihn dazu zu bewegen, sie zu essen, ihn mit einem kräftigen Stoß aus dem Fenster zu werfen, aufgeregt und glücklich bei der Vorstellung, ihn endlich aus ihrem Leben verschwinden zu lassen. Sie schwankt zwischen der Energie, mit der sie die Lüge aufrechterhält, und der unerträglichen Erschöpfung, die sie dazu drängt, allem so schnell wie möglich ein Ende zu setzen.

Nach ihrer Vergewaltigung hielt sich Marie immer für das einzige Opfer dieser Maskerade, dieser von der Gesellschaft gelebten Illusion über die unglaubliche und bereichernde Erfahrung, Mutter zu sein. Trotz ihres schwachen Körpers während der Geburt kämpfte Marie nicht für ihren Sohn, sondern gegen ihn. Sie gab ihren Körper im Krankenhaus nicht ganz auf. Es kam für sie nicht in Frage zu sterben, während sie ihn zur Welt brachte. Auf dem Tisch, auf dem sie ihn unter Schmerzen gebären sollte, schwor sie sich, ihn dafür ein Leben lang bezahlen zu lassen. Wenn in der Geschichte eine Person hätte gerettet werden müssen, hätte sie zweifellos sich selbst gewählt.

Das Klingeln der Sprechanlage ertönt. Marie ist auf dem Sofa eingeschlafen. Das Kind hat sich an ihrem Bein festgeklammert und kaut am Saum ihrer Hose herum. Laurent hat den Schlüssel vergessen. Er kommt früh nach Hause. Sie wird ihn heute Abend nicht auf die Sache mit dem Handy ansprechen. Sie will lieber warten, bis sie genau weiß, wie weit sein Misstrauen in den letzten Tagen geweckt wurde.

ROXANE IST NICHT bereit, sie in Ruhe zu lassen, sie stürzt sich auf sie wie ein Geier auf seine Beute. Sie wartet darauf, dass sie einknickt. Ein dumpfer Schlag hallt durch die Wohnung, aber die Schreie ihrer Schwester übertönen ihn. »Was willst du eigentlich? Die Wahrheit über Thomas? Glaubst du etwa, dass er das aushält? Ich hasse dich, ich begreife nicht, warum du nicht auf meiner Seite bist! Meine eigene Schwester, und du verrätst mich!«

Der Streit spitzt sich zu. Die Dielen des Parkettbodens knarren. Marie brüllt vor Wut, schleudert den Telefonhörer an die Wand, dann ruft sie ihre Schwester zurück, um sich zu entschuldigen. Eine Tür schließt sich hinter ihr. Marie weint, fleht Roxane an, ihrer Mutter und Laurent nichts zu sagen, bittet sie, ihre Situation zu verstehen. Die Lautstärke der Stimmen geht zurück, die Intensität verliert sich. Eine zweite Tür fällt leise ins Schloss. Marie stutzt, hält das Telefon vom Ohr weg. Langsam geht sie in den Flur, um nachzusehen, ob jemand in der Wohnung ist. Laurent hat heute Mittag ein Geschäftsessen. Wahrscheinlich renoviert der Nachbar im Stock unter ihnen wieder.

Julia ist eine aufmerksame Kollegin. »Wo ist denn die Akte Nr. 8? Sag bloß, du hast sie schon wieder zu Hause vergessen?« Laurent muss vor dem Mittagessen noch einmal mit dem Auto bei der Wohnung vorbeifahren. Seine Frau erinnert ihn nicht mehr an seine Akten. Er weiß genau, wo der Ordner Nr. 8 liegt: auf der Fensterbank im Wohnzimmer. Er hat nur ein paar Minuten Zeit, um ihn zu holen, dann muss er schnell zum Bois de Boulogne fahren, wo Julia und ihr Mandant in einem Restaurant auf ihn warten. Der Fall Ponce ist auf der Zielgeraden. Diese Scheidung, die große mediale Aufmerksamkeit erhalten hat, wird ihm nicht nur eine Beförderung garantieren, sondern vielleicht auch die Anerkennung aller einflussreichen Pariser Institutionen: politisch, journalistisch und rechtlich. Er geht in die Wohnung, hört seine Frau am Telefon sprechen. Kaum hat er den Flur betreten, packt ihn eine entsetzliche Angst, als spüre er unter den Füßen die ersten Erschütterungen eines gewaltigen Erdbebens. Maries markdurchdringende Schreie hallen durch die Wohnung. Er nähert sich langsam dem Schlafzimmer. Das Telefon wird gegen die Wand geschleudert. Ein paar Sekunden herrscht Stille, dann hört er das Jammern seiner Frau, die versucht, das Gespräch mit ihrer Schwester wiederaufzunehmen. Er sieht sie undeutlich durch den Türspalt auf dem großen, weißen Teppich knien, der das Bett umgibt. Jedes ihrer Worte bohrt sich in seine Brust. Der bittere, säuerliche Geschmack des Kaffees von heute Morgen kommt ihm wieder hoch, setzt sich im Gaumen fest, dringt bis in die Nase. Er schließt vorsichtig die Tür und geht zurück in den Flur. Er rennt die Treppe hinunter, stößt mit dem Ellbogen gegen den Hausmeister, der gerade die Stufen kehrt. Er entschuldigt sich nicht. Er muss überhaupt nichts mehr entschuldigen. Wenn es um einen Mann und seinen Sohn geht, kommen nicht viele Lügen infrage. Thomas sieht ihm ähnlich.

Das Navigationsgerät im Auto ist schon eingeschaltet und weist ihm den Weg. »Sie sind unterwegs zum Restaurant La Grande Cascade.« Er hört die automatische Stimme nicht mehr, verirrt sich im Pariser Norden. Er wendet. Er will zuerst bei seinem Sohn in der Krippe vorbeifahren, aber heute haben sie anscheinend mit den Kleinen einen Ausflug geplant. Marie informiert ihn immer im letzten Moment, kurz bevor er zur Arbeit geht. Auf seinem Hemd sind streng riechende Schweißflecken, die Fasern seiner Kleidung kleben auf der Haut, setzen sich im Fleisch fest. Sein Blick schweift über die Wege des Bois de Boulogne. Die Straße verschwimmt, die Wut verbrennt seinen Körper wie ein langer, schmerzhafter Stromschlag. Wie konnte seine Frau ihn betrügen? Er kann nicht glauben, dass Thomas nicht sein Sohn ist. Das ist schlicht unmöglich. Erst letzte Woche hat er mit seiner Mutter Fotografien angesehen und seine eigenen Gesichtszüge mit denen des Kinds verglichen. Sein Kopf wird schwer, seine Hände rutschen am Lenkrad ab. Das Auto kommt am Straßenrand zum Stehen. Er steigt aus, zittert vor Fieber und Entsetzen. Als Anwalt und Experte in tragischen, persönlichen Plädoyers hasst er es, schwierigen Situationen schlecht vorbereitet gegenüberzutreten. Sein Körper lässt ihn im Stich. An die Autotür gelehnt betrachtet er die Baumwipfel des Walds, der sich vor ihm erstreckt. Ein paar Spaziergänger mustern ihn misstrauisch. Sein Handy vibriert in der Tasche. Es ist Julia. Er soll unbedingt ins Restaurant kommen und den fehlenden Aktenordner mitbringen, den er vergessen hat. Bis auf ihn sind alle da. Beim zehnten Anruf, immer noch kraftlos am Straßenrand zusammengesunken, beschließt er abzunehmen. Er ist ganz in der Nähe. Nur ein Unfall auf der Zugangsstraße zum Wald. Er lügt wie seine Frau. Das Lügen, um sich zu verteidigen, die anderen nicht aufzuregen, um sie umgänglicher, nachgiebiger zu machen, angenehme, friedliche Ruhe zu finden, bis man eines Tages den Mut hat, alles zu enthüllen. Auf seinem Anzug kleben große Flecken Erbrochenes. Zum Glück hat er noch einen zweiten im Kofferraum.

»OH, SCHAU MAL, Thomas, heute holt dich der Papa ab!« Im Gegensatz zu seiner Frau hat Laurent nicht gezögert, in die blauen Plastiküberzieher zu schlüpfen und das Spielzimmer zu betreten. Die Leiterin freut sich, den jungen Vater des kleinen Thomas kennenzulernen. Sie tauschen sich aus, sprechen über die Fortschritte des Kinds, sein Verhältnis zu den anderen, seinen Orientierungssinn und seine besondere Fähigkeit, sich im Raum zurechtzufinden. Wenn Marie von der Krippe nach Hause kommt, lässt sie ihn allein in der Wohnung herumwandern. Er wälzt und streckt sich auf den Teppichen, bezwingt die Kissen auf dem Boden, navigiert alleine und schutzlos zwischen den Wohnzimmermöbeln herum, während seine Mutter im Schlafzimmer liest oder in der Küche ist.

Laurent kann nicht anders, als seinen Sohn eingehend zu mustern. Die großen, grünen, lachenden Augen, der kleine, rosarote Mund, mit dem er ihn anlächelt, die winzige Nase, die er mal links, mal rechts kräuselt. Er ist sich nicht mehr sicher, Zweifel lasten auf ihm. Was, wenn dieses Kind nicht seins ist? Er muss es wissen. Laurent ist ein Mann des Rechts. Er hat gerne handfeste, greifbare, echte Beweise vorliegen. Er hat sich sein Leben nie fern der Realität vorgestellt. Es hat ihm nie das Geringste ausgemacht, nächtelang hunderte Seiten Zeugenaussagen, Vermögensaufstellungen, Sitzungsprotokolle, Verzeichnisse, Beweisaufnahmen, Fotografien von Ehebrüchen durchzuackern. Schon als Jugendlicher spürte er in sich die Stärke einer Führungskraft. Während seine

Klassenkameraden anfingen, in die Diskothek zu gehen, zu trinken und alle möglichen Drogen auszuprobieren, fürchtete er die Konsequenzen. Die scharfen Kanten, nach denen die Gerechtigkeit geschmiedet wird und die letztlich kaum verhandelbar sind, waren ihm schon immer ein Trost, gaben ihm die Gewissheit, dass nichts völlig aufgehoben oder aufgelöst werden kann. Nur der Beginn eines Bürgerkriegs wäre imstande, Laurent aus dem Gleichgewicht zu bringen. Er hat zwar bei einigen seiner Fälle auf Lügen zurückgegriffen, aber das war nur berufliches Kalkül.

Er geht mit seinem Kind im Arm davon. Thomas sieht ihn an, dann wendet er den Blick von ihm ab nach draußen. Laurent sammelt, setzt zusammen, verknüpft die jüngsten Ereignisse mit den früheren. Er ist sehr nah dran, dann schweift er wieder ab. Einige Puzzleteile passen nicht zu den anderen. Der Gesichtsausdruck seiner Frau in manchen Augenblicken taucht die Alltagsszenen in ein trübes, vor Widersprüchlichkeit unerträgliches Licht. Die Gegenwart und die Vergangenheit verflechten sich. Aber er schafft es nicht, einen Zusammenhang herzustellen. Festgefahren in seinen Überzeugungen, deckt er das Unglück, mit dem alles anfing, nicht auf.

Marie hat ihren freien Abend genutzt, um zum Friseur zu gehen. »Gefällt es dir nicht? Du sagst ja gar nichts.« Laurent bestätigt ihr, dass die Frisur sehr gelungen ist, beschränkt seine Komplimente auf das Nötigste. Ihm fehlt der Mut zu handeln. Er will zuerst das Verhalten seiner Frau studieren, bevor er eine Entscheidung trifft.

Marie macht heute Abend Lasagne. Das frische Gemüse liegt auf der Küchenanrichte bereit. Vor ihrer Hochzeit, in ihrer alten Wohnung, haben Laurent und Marie gerne gemeinsam gekocht. Eng zusammengerückt, verzehrten sie ein einmaliges Gericht, zu dem sie verliebt eine Flasche guten Rotwein genossen. Diese Gründe lassen Laurent noch an seine Frau glauben. Gefallene Erinnerungen, begrabene Leidenschaft, vergessene Versprechen. Doch Zweifel liegen in der stickigen Luft dieses Haushalts. Etwas ist zerbrochen, wie nach dem ersten Streit. Die Liebe ist frisch und ausgelassen. Die Frau und der Mann lieben sich, schlafen mehrmals am Tag miteinander, versprechen sich die Ewigkeit und das Unmögliche. Dann kommt das erste Geschrei, die ersten winzigen Anzeichen eines Wutausbruchs oder einer Verurteilung. Und allmählich zeigt sich der impulsive Charakter des anderen mit all seinen Lastern und Schwächen, das Äußere blättert ab. Die Liebenden haben keine Energie mehr für Liebesspiele, schlafen nicht mehr miteinander, schrecken so weit wie möglich voreinander zurück. Genau das passiert ihnen auch. Laurent verdächtigt seine Frau, Marie hasst ihren Mann, weil er nichts versteht, dabei gibt sie sich selbst große Mühe, das Unglück ihres Lebens zu verbergen. Thomas sitzt heute Abend bei ihnen am Tisch. Laurent hat darauf bestanden, dass das Kind beim Essen mit ihnen auf einer Höhe sitzt. Alle sind vereint. Das Klingeln der Sprechanlage ertönt. »Lass es klingeln, das ist bestimmt nur der Lieferservice oder ein Nachbar, der den Schlüssel vergessen hat.« Laurent widerspricht Marie nicht. Ein paar Minuten später klingelt es an der Wohnungstür. Laurent steht auf, um aufzumachen.

Durch die dünnen Küchenwände erkennt Marie die Stimme ihrer Schwester. Sie ist außer Atem, ringt in der Diele nach Luft, wird bestärkt von Laurents Freundlichkeit, der sie hereinbittet und einlädt, mit ihnen zu Abend zu essen. Bei jedem Schritt, den Roxane auf dem Parkett im Flur zurücklegt, gräbt Marie die Finger tiefer in die Papierserviette. Sie hat ihre Schwester nicht eingeladen. Roxane erscheint in der Tür.

Marie deutet vor Laurent ein falsches Lächeln an. Normalerweise hätte er schnell den Teller leergegessen, damit sich die beiden Frauen in Ruhe unterhalten können, aber das Gespräch, das er gestern mitgehört hat, lässt ihn wachsam bleiben. Dieser Überraschungsbesuch ist vielleicht die Gelegenheit, endlich die Wahrheit herauszufinden.

Marie lenkt die Unterhaltung auf das Geburtstagsgeschenk, das sie für ihren Vater gekauft hat. Roxane ist sichtlich verlegen. Sie würde jetzt gerne alles offenbaren. Sie würde sich gerne Laurent zuwenden und ihm erzählen, was ihre Schwester getan hat. Sie wird nicht den Mut dazu aufbringen. Maries Blick lähmt sie. Beim Schildern des Geschenkkaufs scheinen das Entsetzen und die Gewalt einer Frau durch, die weiß, dass sie gerade verfolgt wird. Laurent beobachtet sie, kann aber nichts erkennen. Er liebt seine Frau. In diesem Chaos ist es unmöglich für ihn, den Fehler zu finden. Er ist ein müder, erschöpfter Ehemann, auf dem das Gewicht seines Verdachts lastet.

Laurent steht vom Tisch auf. Marie kann ihre Genugtuung nur mit großer Mühe verbergen. Manchmal unterschätzt sie die Schwächen ihrer Angehörigen. Roxane wird ihrem Schwager nie die Wahrheit sagen können. Sie hat zu viel Angst. Und Laurents Gefühle stehen noch unter ihrem Einfluss. Er wird nichts erreichen. Das Kind wird ihm keine Hilfe sein. Sein Körper hat nur ein einziges Mal gesprochen. Danach hat Marie auf die Hygiene ihres Sohns geachtet, auch wenn das bedeutet, dass sie ihn mit geschlossenen Augen wickelt oder ihn in der Badewanne lässt, ohne ihn richtig zu beaufsichtigen. Als sie ihrer Schwester schließlich allein gegenübersteht, hat sie keine Angst mehr, den Kampf zu verlieren. Manchmal stellen die Opfer die Bedingungen für den Ablauf zukünftiger Handlungen. Genau das macht sie jetzt. »Ich bin nur gekommen, um dir zu sagen, dass du recht hattest. Es ist dein Problem. Leb mit deinem Gewissen, aber erwarte nicht, dass ich dir bei deiner Lüge helfe. Das war's.« Ihre Schwester hat nur Mitleid mit ihrem Sohn und Laurent. Marie denkt, dass es die richtige Entscheidung war, nach ihrer Vergewaltigung zu schweigen. Ihre Schwester hat sie nicht einmal nach der Identität ihres Vergewaltigers gefragt. Kein einziges Mal ist sie mit Roxane direkt auf den sexuellen Übergriff zu sprechen gekommen. Auch ihre Mutter hatte keine Fragen gestellt. Selbst als sie gesehen hat, wie sich ihre eigene Tochter im Dreck suhlte, war sie nicht in der Lage, eine Erklärung zu verlangen. Die Fakten waren ausreichend. Die Konsequenzen offensichtlich und nicht wiedergutzumachen. Aus Vorsicht gehen alle schweigend durchs Leben. Die Vergewaltigung verschwindet in der Gegenwärtigkeit. Die dumpfe, verzerrte, in jedem Fall infrage gestellte Gewalt verblasst einfach auf der Oberfläche des Leidens und der Melancholie. Und jeder geht seines Weges.

PAUL VERSTEHT IHN nicht: »Ein Test? Bist du dir sicher, dass du das willst? Danach gibt es kein Zurück mehr.« Laurent ist sich sicher. Er wird keinen Rückzieher machen. Er erzählt Paul vom Verdacht gegen seine Frau, von ihrem oft merkwürdigen Verhalten seit Thomas' Geburt, den kleinen, täglichen Lügen, bei denen er sie in letzter Zeit ertappt hat. Paul ist überrascht. Er denkt, dass man im Grunde nie wirklich weiß, was sich zwischen einem Paar im Privaten abspielt. Spannungen, Gefühle, Untreue, die Beziehung zum Kind – all die vertuschten, beschönigten, mit süßem Zuckerguss überzogenen Elemente täuschen über die Bitterkeit hinweg, die sich im Ganzen festgesetzt hat.

Letzte Nacht hat Laurent keinen Schlaf gefunden. Neben seiner Frau schien ihm das Bett zu tief, zu schwer. Er stößt in etwas vor, dessen Konturen er noch nicht genau erkennt, versucht, nicht auf Grund zu laufen, kämpft ums Verstehen, ruft sich verschiedene Situationen wieder ins Gedächtnis. Seine Frau und er gehen mit dem kleinen Thomas am Ufer des Canal de l'Ourcq spazieren. Er erinnert sich, dass er die Touristen beobachtet hat, die dort entlangschlenderten, auf den vertäuten Lastkähnen fröhlich ihren Freunden zuprosteten, den glatten, grünlichen Fluss, die großen, überfüllten, sonnendurchfluteten Terrassen vor der Rotonde Stalingrad. Es ist wie ein Standbild, die ruhige Umgebung setzt sich bis zum Horizont fort. Er hat das Gefühl zu schwanken, feuchte Hitze steigt in ihm auf. Er sieht von weitem seine Frau. Aufrecht, mit ruhiger Hand hält sie Thomas' Kinderwagen mit festem Griff umklammert. Sie stehen nah am Wasser. Sehr langsam kippt sie den Kinderwagen vor und zurück. Die Räder schlittern über die Pflastersteine am Rand. Dieses Bild seiner Frau und seines Sohns ist vielleicht sein letztes Bild vor der Katastrophe. Danach wird er sie nie wieder sehen. Den Kinderwagen trennen nur wenige Zentimeter davon, ins schwarze Kanalwasser zu fallen. Laurent fühlt seinen Herzschlag, nähert sich langsam Marie. Sie spürt seine Gegenwart hinter sich, dreht sich um. Ihr Blick ist voller Trauer. Sie wollte es tun, sie war bereit, zur Tat zu schreiten. Sie haben ihren Spaziergang am Ufer fortgesetzt. Laurent erinnert sich an diesen Nachmittag, an all die kleinen Details, die ihm jetzt wie riesige, blaue Farbflecken auf dem schuldigen Gesicht seiner Frau vorkommen.

Paul informiert ihn über den Ablauf des Vaterschaftstests. Er ist nicht schwer durchzuführen. Es gibt unzählige Internetseiten, die ihren Kunden fertige Sets per Post zuschicken, aber Laurent hat sich lieber an Paul gewandt, um keine bösen Überraschungen zu erleben. Marie wird nichts erfahren, und er kann auf die Unterstützung seines Freunds zählen, sollte sich herausstellen, dass Thomas nicht sein leiblicher Sohn ist.

Die zwei Männer gehen niedergeschlagen auseinander. Paul ist bekümmert wegen Laurent. Er weiß, wie viel Schaden außereheliche Beziehungen anrichten können. Ein paar Jahre nach seiner Hochzeit hatte er beim Nachtdienst eine Krankenschwester kennengelernt. Sie trafen sich oft am Arbeitsplatz, hatten leidenschaftlichen Sex in ebendiesen Räumlichkeiten, und abends ging Paul mit der Befriedigung nach Hause, ein intensives und erfülltes Berufs- und Privatleben zu haben. Aber schließlich wollte die Krankenschwester mehr. Mehr Treffen, mehr Verabredungen, mehr Abendessen und gemeinsame Wochenenden. Sie belästigte Paul mit Nachrichten, die Beleidigungen, Drohungen, Ultimaten und Liebeserklärungen enthielten. Sophia fand es schließlich heraus. Paul flehte sie an, ihm zu verzeihen, schwor, dass so etwas nie wieder vorkommen würde. Sophia hatte Paul verziehen. Sie hatte sich sogar mit der verzweifelten jungen Frau getroffen und sie gebeten, ihren Mann in Zukunft in Ruhe zu lassen.

Konfrontiert mit der Untreue eines Mannes, verharrt die Frau oft in Scham. Auch Laurent war von Julia versucht gewesen. Eines Abends nach der Arbeit hatte sie ihm angeboten, noch auf ein letztes Gläschen mit zu ihr zu kommen, um den Fortschritt im Fall Ponce zu feiern. Laurent zögerte. Sein Verstand quälte sich bereits, wog das Für und Wider ab, bewertete den Grad des Guten und Schlechten bei dem, was er gleich tun würde. Er lehnte ab. Er hatte große Lust, aber die Konsequenzen wogen zu schwer. Er wollte keine Probleme mit Marie und weiterhin gemütlich zu Hause wohnen, umgeben von seinen Lieben, ohne das Risiko einzugehen, alles zu verlieren.

Laurent hat sich angewöhnt, Thomas abends von der Krippe abzuholen. Marie freut sich, nach ihrem Arbeitstag mehr Zeit für sich zu haben. Dieses Mal will sie mit Sophia ins Kino gehen und einen ihrer seltenen ruhigen Momente genießen. Das ist Laurents Gelegenheit zu handeln. Paul hat ihm einen kleinen Beutel besorgt, in dem sich alles befindet, was er für den Vaterschaftstest benötigt: Latexhandschuhe, vier lange Wattestäbchen, zwei Plastikröhrchen, eine große Klarsichthülle mit der Gebrauchsanleitung. Thomas ist still. Laurent beobachtet seinen Sohn durch die Heckscheibe. Er zweifelt. Selbst wenn Thomas nicht sein Sohn ist, liebt er das Kind wie sein eigenes. Ein Autofahrer hupt ihn an. Laurent steigt ein, fährt schnell nach Hause und bringt seinen Sohn ins Badezimmer. Er reißt die Verpackungen auf. Thomas bewegt den Kopf hin und her. Das lange Wattestäbchen lässt sich nur schwer in seinen Mund schieben, er weigert sich, die Lippen zu öffnen. Laurent sieht sich im Spiegel. Wie er mit übergestreiften Handschuhen vorsichtig die zwei langen Wattestäbchen hält, sie in die Proberöhrchen steckt, bevor er den luftdichten Beutel wieder verschließt. Er hofft, dass sich Thomas nie daran erinnern wird. Dass das Kind all die Zweifel vergisst, die auf ihm lasten. Bevor Marie nach Hause kommt, hat er noch Zeit, den Test direkt bei Paul in der Praxis abzugeben. Er will kein unnötiges Risiko eingehen, indem er ihn hier zu Hause aufbewahrt. Paul hat gesagt, er müsse mit einer Wartezeit von ungefähr drei Tagen rechnen. Das Krankenhaus wird ihn benachrichtigen, wenn das Ergebnis vorliegt.

Laurent ist erleichtert. Er hat es zu Ende gebracht. Nur sein Sohn könnte ihn noch an seiner Entscheidung zweifeln lassen. Aber mit einem einfachen Blick scheint ihm das Kind sein Einverständnis zu geben.

HEUTE IST DER Geburtstag von Maries Vater. Wie jedes Jahr kommt die Familie zur Feier nach Bois-le-Roi. Irène hat eine festlich geschmückte Tafel und ein köstliches Essen vorbereitet, dessen krönender Abschluss eine große Torte ist, die sie schon zwei Wochen im Voraus beim Konditor bestellt hat.

Seit ihrem unangekündigten Besuch in der Wohnung hat Roxane nicht mehr mit ihrer Schwester gesprochen. Ihre Mutter denkt, dass es nur eine der üblichen Streitereien zwischen den beiden Frauen wegen der Kinder oder der Arbeit ist. Roxane senkt jedes Mal den Blick, wenn Marie vorbeigeht.

Laurent hat Thomas auf dem Schoß und lässt ihn auf dem Sofa hüpfen. Er will heute fröhlich sein, bevor die Katastrophe über sie hereinbricht. Er kann sich nicht vorstellen, wie es weitergehen soll, wenn der Test negativ ausfällt. Eine Zukunft ohne Marie, ohne seinen Sohn, ohne diese liebevolle und herzliche Familie in Bois-le-Roi. Eine Zukunft, die aus nichts besteht. Alleine in den Räumen der Kanzlei umherirrend, von Arbeit und Kummer verzehrt, würde er ein verlorener Mann werden. Ein Mann mit nichts. Laurent hat nie darauf geachtet, sich einen klaren Blick auf seine Beziehung zu bewahren. Dieser Alltag, der sich überwiegend um kleine, unschuldige Streitereien dreht, über nicht richtig verschlossene Zahnpastatuben oder leere, hängen gelassene Klopapierrollen, störte ihn nicht. Die Gefahr geht in erster Linie von der angenehmen Betäubung aus, die die Bequemlichkeit der Gewohnheiten mit sich bringt. Aber ein Mann ohne Gewohnheiten verliert sich. Vielleicht wird Laurent seiner Frau nicht die Wahrheit sagen.

Marie bringt russische Eier, die ihre Mutter hübsch auf zwei Platten angerichtet hat. Das Essen ist üppig. Eine Frau, die schon so lange alleine kocht, ist in der Regel keine besonders glückliche Frau, in den meisten Fällen ist es vor allem ein Mittel, um den Rest zu vergessen. Marie kämpft nicht mehr. Während sie ihrer Schwester und ihrem Mann gegenübersteht, denkt sie, dass sie endlich gewonnen hat. Alles fügt sich wieder tadellos an seinen Platz. Irène bittet die Familie zu Tisch. Roxane achtet darauf, sich so weit wie möglich von Marie wegzusetzen.

Laurent findet sich in einer privilegierten Situation wieder. »Also Laurent, erzähl doch mal ein bisschen was über deinen Prozess! Wie weit seid ihr damit?« Laurent sagt, die große mediale Aufmerksamkeit, die der Fall Ponce in den letzten Tagen genießt, sei übertrieben. Es geht nur um einen Scheidungsprozess. »Ja, aber doch auch um die Vergewaltigung dieses Mädchens.« Stille tritt ein. Roxane hat sich nicht zurückhalten können. Der Drang war zu stark. Marie starrt sie mit einem vorwurfsvollen Lächeln über den Tisch hinweg an. Sie hasst sie abgrundtief. Versteht nicht, warum ihre früher einmal so warmherzige und verständnisvolle Schwester heute so erpicht darauf ist, ihr zu schaden. Sie braucht frische Luft, entschuldigt sich und steht vom Tisch auf.

Als Jugendliche verbrachte sie ganze Nachmittage lesend und träumend im Wintergarten. Sie beklagte sich nie, aber spürte manchmal die schwere Last eines Menschen, der noch nichts Außergewöhnliches erlebt hat. Kein Leid, kein einziges familiäres, materielles oder emotionales Problem. Keine Krankheit und keinen Tod. Sie entwickelte sich in dieser harmonischen und intakten Familie, die ihr die Werte vermittelte, die sie selbst ihren Kindern einmal weitergeben würde. Vor ihrer Vergewaltigung ist sie in ihrem Leben nie auf Hindernisse gestoßen. Sie weiß, dass eine Frau, die Elend und Ausschweifung, Hunger und Tod, täglichen Hass und tägliche Gewalt kennt, vielleicht anders reagiert hätte. Sie hätte den Mut gehabt, die Tat anzuzeigen, zu fliehen und abzutreiben. Sie hätte nicht alles hinter einer Fassade versteckt. Diese Feststellung weckt Übelkeit bei Marie. Wenn Laurent abends spät nach Hause kommt, besucht sie manchmal Foren. Internetseiten, auf denen jeden Tag Erfahrungsberichte geschlagener, vergewaltigter, sexuell missbrauchter Frauen veröffentlicht werden. Marie hat sich nie an diesen Gesprächen unter Frauen beteiligt. Selbst im Schutz der Anonymität hat sie das nicht geschafft. Einige von ihnen haben das Kind ihres Vergewaltigers behalten. Sie sprechen darüber. Dem Kind steht es sogar manchmal frei, den Vater zu sehen, ohne dass irgendein Gerichtsurteil die Besuche einschränken würde. Die Situation wird normalisiert, um sie zu erleichtern. Marie könnte darüber sprechen. Doch die Folgen für ihre Beziehung, ihre Familie, ihre Arbeit wären verheerend. Sie würde alles verlieren. Ihr Direktor ist ein Frauenvergewaltiger, aber auch ein unauffälliger und feinfühlender Ehemann, ein Vater, der auf die Erziehung seiner beiden Töchter achtet, ein Geschäftsstellenleiter, der hervorragende Verkaufszahlen vorzuweisen hat. Als sie aus dem Auto stieg, hatte er ihr gedroht, ihre Beziehung und ihre Karriere zu zerstören, wenn sie darüber spricht. Das Kind aber wird eines Tages sprechen. Marie wird Thomas alles gestehen. Der Schuldige wird dann sicher nicht mehr bestraft. Der Fall wird abgeschlossen sein. Marie schreckt aus ihren Überlegungen auf. Ein Telefon vibriert auf dem Tisch in der Veranda, wo sie den Aperitif getrunken haben. Es ist das Handy ihres Mannes. Er hat es dort liegenlassen. Sie greift danach, um es ihm zu bringen. Eine lange Nachricht leuchtet auf dem Display auf. Es ist eine E-Mail. Ohne Passwort kann Marie nur den Anfang lesen. »Sehr geehrter Herr Campan, die Ergebnisse des Vaterschaftstests, den Sie am 16. Juni 2014 im Labor des Universitätskrankenhauses Pitié-Salpêtrière durchgeführt haben, werden am Donnerstag, den 19. Juni 2014 vorliegen. Sie können sie ab …« Ihre Atmung setzt aus. Die Wirklichkeit verzerrt sich. Ihre Hand zittert. Marie legt das Telefon zurück auf den Tisch. Sie ist fassungslos. Wie konnte er diesen Test hinter ihrem Rücken machen? Sie denkt an ihre Schwester, ihre Mutter. Nur ein paar Dinge bereiten ihr Sorgen. Ihr Direktor. Er hat es gesehen. Er weiß alles. Marie stürzt zu Laurents Handy. Es gelingt ihr nicht, es zu entsperren, sie probiert mehrere Zahlenkombinationen aus. Ohne Erfolg. Von weitem hört sie das Lachen ihres Mannes. Sie nähert sich leise dem Esszimmer, um heimlich die vertrauten Gesichter zu beobachten, die sie für die Schuldigen hält. Thomas sitzt auf dem Hochstuhl. Wie immer hat seine Großmutter ihm ein gesüßtes Spielzeug gegeben, um ihm das Zahnen zu erleichtern. Laurent macht sich einen Spaß daraus, ihm das Spielzeug aus dem Mund zu nehmen, es ihm wieder zurückzugeben und sein Gesicht dabei zärtlich mit Küssen zu bedecken. Roxane hüllt sich in Schweigen. Ihre Mutter spricht mit ihr, aber sie hört nicht zu. Ihr Mann Julien muss sich am Gespräch mit seiner Schwiegermutter beteiligen und anstelle seiner Frau antworten. Nur Maries Vater strahlt Ruhe aus. Im Kreis seiner Familie feiert er seinen siebzigsten Geburtstag. Er hat keine Sorgen mehr, um die er sich kümmern muss. Sein Leben ist ruhig, friedlich und verschlossen. Eine gewaltige Welle der Furcht durchläuft Maries Körper. Laurent wird bald die Wahrheit erfahren. Er wird nicht wie Roxane reagieren. Schweigen wird für ihn keine Option sein. Er wird Entscheidungen treffen. Wird sie mit ein paar Sachen vor die Tür setzen, ihre Familie, Freunde, Kollegen benachrichtigen, sogar so weit gehen, sie mit Gewalt in einer psychiatrischen Einrichtung einsperren zu lassen, von einem von Pauls Freunden. Paul. Ihn hat sie völlig vergessen. Vielleicht ist er dafür verantwortlich? Sind ihm vielleicht Zweifel gekommen, als Laurent ihm von Maries Reaktionen und Machenschaften berichtet hat? Sie wird Sophia anrufen. Gleich morgen. Nein, sofort nach dem Mittagessen. Je schneller, desto besser.

Ihr Geist trübt sich. Sie verliert das Gleichgewicht. Eine Vase fällt vom Fensterbrett, zerbricht vor ihren Füßen. Ihre Mutter ruft nach ihr: »Marie? Alles in Ordnung?« Sie sammelt die kleinen, auf dem Boden verstreuten Scherben auf. Tränen laufen ihr über die Wangen. Ihre Mutter eilt zu ihr. »Lass das doch! Hör auf! Ich hole den Besen. Fass das nicht an, du schneidest dich nur.« Maries Körper kippt leicht nach hinten. Laurent sieht zu ihr hinüber. Er trägt Thomas im Arm. Marie beobachtet ihn. Ein Schmerz lenkt sie ab, aber sie kann den Blick nicht von ihrem Mann abwenden. Sie will ihn anflehen aufzuhören. Auf dem Boden sind große Blutstropfen. Ein tiefer Schnitt zieht sich über ihre ganze Handfläche. Einige der Glasscherben, die sich in ihr Fleisch gebohrt haben, lösen sich. Ihr Mann setzt Thomas hastig in den Kinderwagen und rennt zu Marie. »Was hast du denn gemacht? Komm, wir müssen das desinfizieren.« Ein langer, dünner Blutfaden landet auf den weißen Wohnzimmerfliesen. Als Marie das Zimmer durchquert, sieht sie Roxane am Tisch sitzen. Sie isst ihr Stück Torte auf. Marie glaubt, sie habe die Spur eines Lächelns gesehen. Ihr Mann drängt sie zur Eile. Er öffnet alle Schubladen im Badezimmer auf der Suche nach

Kompressen. Irène kommt dazu. »Alles in Ordnung? Meinst du, wir müssen einen Arzt rufen? Das sieht ziemlich tief aus.« Laurent antwortet, dass er sich selbst darum kümmern kann. Irène geht hinaus, um die Scherben auf der Veranda wegzuräumen. Mit einer Pinzette versucht Laurent vorsichtig, die größten Glasscherben herauszuziehen. Sie schreit vor Schmerz. Vielleicht denkt er, dass sie es nicht anders verdient. Sie hätte das Glas lieber schlucken sollen, damit von der Sprache nichts mehr bleibt. Hätte all die scharfkantigen Scherben ordentlich zerstampfen und sie in großen Mengen in ihren Körper stoßen sollen. Sie wäre mit Glas überschwemmt worden.

Laurent schenkt ihren Schreien keine Beachtung. Marie sieht ihn lange an. Er zieht grob, ruckartig die glänzenden Splitter heraus. Ihre Hand sieht aus wie eine Karte aus Muskelgewebe. Hunderte Möglichkeiten gehen ihr durch den kranken Kopf. Das Ehepaar flüchtet sich in die Stille.

Bevor sie endgültig den Blick senkt, fragt Marie ihn: »Hat dir das Essen geschmeckt?«

MARIES NÄCHTE ZIEHEN sich in die Länge. Ihr bleibt nur noch ein Tag, bis Laurent die Wahrheit erfährt. Jeder Gedanke wird zur Zerreißprobe. Sie braucht eine wirksame Lösung. Gestern hat sie die ganze Nacht in Internetforen nach einem Weg gesucht, allem ein Ende zu setzen. Vergeblich. Sie ist erschöpft. Ihr Körper fühlt nur noch Müdigkeit und Traurigkeit. Das Kind jeden Tag sehen zu müssen, ist das Unerträglichste. Sie will, dass es aus ihrem Leben verschwindet. Laurent wird ihr gegenüber immer misstrauischer. Einmal hat sie ihn abends dabei erwischt, wie er ihr Handy und ihre Manteltaschen durchsucht hat. Sie vermeiden es, sich in der Wohnung über den Weg zu laufen, versuchen, ihre Befangenheit so gut es geht zu verbergen.

In der Bank schafft es Marie nicht mehr, ihre Dossiers zu verwalten, ihre Kollegen haben sich nach den Belästigungsvorwürfen von ihr abgewandt, ihr Gespür für das Zwischenmenschliche schwindet. Sie kann es nicht länger ertragen. Wenn sie die Bank verlässt, auf der Straße wieder Frauen mit Kinderwagen, spielende Kinder, Händchen haltende Paare. All diese kleinen Details widern sie an, so sehr, dass ihr davon übel wird. Die Furcht quält sie. Nur noch ein einziger Tag. Ein Tag. Das ist sehr knapp. Der weite Ozean der Lügen schließt sich um sie. Wenn alle von ihrer Vergewaltigung erfahren, wird sie nie mehr ein normales Leben führen können. Verurteilt, verleumdet wegen ihres Schweigens, gedemütigt von ihrem Umfeld. Es muss sofort alles verschwinden. Die Beweise, die Fakten, die Konsequenzen, die

Emotionen, die Körper. Die Körper. Sie selbst muss die Geschichte beenden. Niemand wird es für sie tun. Die Terrasse ist überfüllt. Marie presst die Oberschenkel, den Bauch, die Brüste zusammen. Sie denkt darüber nach, wie der Körper aufgebaut ist, wie seine Reaktionen ausfallen können. Sie fühlt sich bereit, alles aufzulösen. Das Leben bietet ihr nur noch totale Unterwerfung, einen langen Niedergang, von dem sie sich nie erholen wird. Die Möglichkeiten sind schon lange ausgeschöpft. Als sie aus diesem Auto gestiegen ist, hat sie gespürt, dass ein Teil ihres Verstands sie verlassen hat. Sie schaffte es nicht mehr, den Vorfall nachzuvollziehen, den zusammenhängenden Faden ihres Lebens wiederaufzunehmen, die Nachricht ihrer Schwangerschaft hatte ihr Übriges getan. Thomas, das Kind, das sie zu Fall gebracht hat. Jeder seiner Schreie verdient den Tod, aber weckt in ihr nur tiefe Erbitterung darüber, nichts tun zu können. In einigen Stunden wird sie endlich eine wirksame Entscheidung treffen.

Eine Frau am Nachbartisch klagt über Bauchschmerzen. »Ich glaube, ich bekomme meine Tage. Es ist immer dasselbe.« Ihre Freundin holt ein kleines, weiß-rotes Tütchen aus ihrer Tasche und empfiehlt ihr die Einnahme des Medikaments, um den Schmerz zu lindern. Sie zerreißt das Tütchen mit einem Ruck und schüttet den Inhalt ins Glas. Das Pulver löst sich im Wasser auf, es bilden sich weiße Bläschen auf der Oberfläche. Der Frau geht es schon besser. Thomas wird es noch besser gehen. Sie lächelt, während sie die seltsam gefärbte Mixtur trinkt, dann knallt sie das Glas auf den Tisch. Laurent stellt sein Glas auch immer so ab, wie ein fester Schlag mit der Faust. Die Schicksale zeichnen sich ab. Marie denkt über das Los ihrer Lieben nach, ohne gegen die schrecklichen Einfälle anzukämpfen, die ihr durch den Kopf gehen. Sie denkt, dass es nur das logische Ende der Geschichte ist.

SIE WIRD NIE mehr in die Bank zurückkehren. Am Nachmittag gibt Marie vor, dass sie sich nicht gut fühlt, leichtes Fieber hat. Die Chefin erlaubt ihr, nach Hause zu gehen. Als sie die Bankfiliale an der Place de la République zum letzten Mal verlässt, durchläuft sie eine riesige Welle der Erleichterung. Die langen Jahre in diesem Unternehmen haben ihr nie echte Anerkennung eingebracht. Sie trug nur ihren Teil zum Funktionieren des großen Ganzen bei. Sie denkt nicht mehr daran. Die Zukunft existiert nicht mehr. Die Pläne, die Angst vor dem nächsten Tag, die Urlaubsplanung, die Nachmittage in Bois-le-Roi, die möglichen Streitereien, nichts ist mehr von Bedeutung. Die Türen der Metro schließen mit einem langen Signalton. Die Wagen stinken nach Dreck und Pisse. Das wird sie nicht mehr riechen müssen. Ein Mann auf dem Bahnsteig gegenüber sieht Marie an. Er weiß nicht, wohin sie fährt und was sie in wenigen Stunden vorhat. Er kennt weder ihr Leid noch ihre Genugtuung. Es ist eine vorsätzliche Tat.

Heute Morgen hat Marie einige Rezepte herausgesucht, die Paul ihr nach Thomas' Geburt verschrieben hat, um den Druck und die Erschöpfung besser zu ertragen. Zwei Schachteln Zopiclone gegen Schlaflosigkeit, zwei Schachteln Lexomil gegen Angstzustände, zusammen mit mehreren schwächeren Medikamenten, die nicht gewirkt haben. Marie hat diese Medikamente nie gerne eingenommen. Oft versank sie danach in einen unangenehmen, von einer tiefen Angst begleiteten Glückszustand. Sie spürte beide Zustände gleichzeitig: das Gefühl, mit ihrer Situation völlig im Einklang zu stehen, während sie die vollkommen künstliche Wirkung wahrnahm, die Anxiolytika bei depressiven Patienten hervorrufen. Drei oder vier Rezepte haben noch keinen Apothekenstempel, sind aber schon lange nicht mehr gültig. Marie hat nur ein paar Stunden gebraucht, um das Verschreibungsdatum mit einem Bildbearbeitungsprogramm zu fälschen. Laurent war immer mehr oder weniger dagegen, dass sie diese Medikamente einnimmt. Sie hatte nicht die Kraft, darauf zu bestehen, deshalb hat sie die Rezepte einfach zu ihren Unterlagen geräumt, falls sie sie irgendwann einmal gebrauchen könnte.

Das 15. Arrondissement ist unauffällig. Im Stadtviertel von Boucicaut geht niemand spazieren. Beim Metroausgang entscheidet sich Marie für die große Avenue Félix-Faure. Die veränderte Umgebung verunsichert sie. Die erste Apotheke auf der Straße weckt ihr Vertrauen. Sie ist groß und überfüllt. Sie hat keinerlei Schwierigkeiten, die Medikamente zu bekommen. In der Hektik und dem Stress bei der Bedienung der Kunden bemerkt keiner der Angestellten das gefälschte Datum auf dem Rezept. Nach einigen Hinweisen zur Häufigkeit der Einnahme und den schwerwiegenden Folgen bei gleichzeitigem Alkoholkonsum packt man ihr die zwei kleinen Schachteln Anxiolytika sorgfältig ein. Sie wechselt die Straßenseite, um eine zweite Apotheke aufzusuchen. Sie erhält drei Schachteln Schlaftabletten. Es ist ein regelrechter Medikamentenlauf. Kein Apotheker bemerkt das Datum des Stempels. Sie kann die Rezepte noch zweimal verwenden. Als sie wieder auf einem Klappsitz in der Metro Platz nimmt, hält sie zehn verschiedene Medikamentenschachteln in der Hand. Sie steigt bei der Station Saint-Lazare aus, wo sie einen großen Bau- und Gartenmarkt betritt, den sie im Internet ausfindig gemacht hat. Es ist 2 Uhr nachmittags. Die riesige Halle ist voll mit Kunden, die die breiten Gänge entlanggehen. Auf beiden Seiten des Geschäfts eilen die Verkäufer hin und her. Marie will keine Zeit verlieren. »Guten Tag. Ich hätte gerne Frostschutzmittel für den Kühler im Auto.« Drittes Regal links. Das Produkt ist in ihrem Einkaufskorb. Sie sieht sich nach einem zweiten Verkäufer um. Ein junger, blonder Mann berät einen Kunden zur Leistungsfähigkeit verschiedener Kunststoffdichtungen für das Badezimmer. Sie wartet kurz, bis er fertig ist, dann spricht sie ihn an: »Guten Tag, ich suche Rattengift.« Sie hört Aufregung und Furcht aus ihren Worten heraus. Er mustert sie einen Moment. Marie ist verunsichert von seinem kurzen Schweigen. Hat er ihre Absichten etwa durchschaut? »Für welche Nagetierart ist es denn? Wohnen Sie in einem Haus?« Die Fragen überraschen sie. Bis jetzt ist sie auf keine Hindernisse gestoßen. Marie erklärt, dass es nicht für sie ist, sondern für ihre Eltern. Sie wohnen auf einem großen Grundstück auf dem Land und haben auf dem Dachboden bei ihren Sachen ein Dutzend Ratten entdeckt. Der Verkäufer lächelt sie an, nickt höflich, führt sie zum Regal und gibt ihr das Produkt. Er informiert sie über die Gefährlichkeit der Einnahme von Rattengift. Sie dankt ihm herzlich für die Ratschläge und geht zur Kasse, um zu bezahlen.

Jetzt ist es 3 Uhr nachmittags. Marie spürt nur Erleichterung. Sie packt auf dem Tisch ihre Einkäufe aus. Sie wird den Rest des Nachmittags kochen: ein Ossobuco als Hauptgang, eine Mousse au chocolat und ein Apfelkompott für Thomas. Sie wird genug Zeit haben, alles vorzubereiten, bis Laurent nach Hause kommt. Sie hat keine Angst mehr. Letzte Nacht hat Marie dutzende Internetseiten überflogen, um die Wirkung jeder Mischung herauszufinden. Sie hat hunderte Gebrauchsanweisungen von giftigen Produkten gelesen. Das Frostschutzmittel und das Rattengift werden bei ihrem und Thomas' Gewicht am wirksamsten sein. Bei Laurent ist die Sache komplizierter. Er ist größer und schwerer. Die Schlaftabletten werden sofort wirken, aber das Gift wird sicher mehr Zeit brauchen. Für den Erfolg ihres Vorhabens zählt Marie darauf, dass es nach der Einnahme mehrere Stunden dauern wird, bis medizinische Hilfe kommt.

Sie hat von ihrer Großmutter einen Mörser aus Marmor geerbt. Sie hat ihn nie benutzt aus Angst, ihn zu beschädigen. In jeder Blisterpackung sind vierzehn Tabletten. Es bleiben noch mehrere Schachteln übrig, die sie kaum angerührt hat. Schlaftabletten, Anxiolytika, verschiedene antiallergische Medikamente, ein paar Tropfen Frostschutzmittel und Rattengift-Granulat. Die Schale läuft fast über mit dem breiigen Pulver. Marie legt zwei Blisterpackungen für sich zur Seite, bevor sie das Gemüse für das Ossobuco in Würfel schneidet. Das Gericht ist leicht süßlich, eignet sich perfekt, um das Frostschutzmittel und die Medikamentenmischung zu überdecken, ohne dass Laurent es bemerkt. Thomas wird sehr schnell sterben. Ein paar Löffel Kompott. Das Klopfen des Messers auf dem Holzbrett hallt durch das Zimmer. Alleine, im Mittelpunkt des Dramas weiß sie, dass sie die richtige Entscheidung trifft. Marie hat das Kochbuch ihrer Mutter vor sich aufgeschlagen, um sicherzugehen, dass sie keinen Schritt vergisst. Die Tomaten lässt sie langsam im Topf einkochen. Die Fleischstücke brät sie goldbraun mit Butter im großen, gusseisernen Schmortopf an, den sie so gerne verwendet. Es ist kein Verbrechen, das wieder wegzunehmen, was man in die Welt gesetzt hat. Heute hat Marie die Gelegenheit, zu berichtigen, was sie immer noch für ihren eigenen

Fehler hält. Diese kleine Familie wird es bald nicht mehr geben. Laurent wird nie unter der Wahrheit leiden. Sie nimmt dem Leben das Leben wieder weg, und dafür wird sie niemand verurteilen.

DAS OSSOBUCO MUSS vor dem Servieren noch eine Stunde auf kleiner Flamme garen. Marie hat Thomas von der Krippe abgeholt. Laurent ist noch nicht nach Hause gekommen. Alle Mischungen sind fertig. Sie muss nur in der richtigen Reihenfolge vorgehen. Thomas wird als Erster sterben. Sein kleiner Körper wird das Gemisch im Magen nicht länger als drei Minuten aushalten. Marie denkt, dass es ein großer Fehler wäre, ihm das Kompott zu geben, bevor sie ihrem Mann das Essen serviert. Laurent, bei dem die Wirkung der Medikamente länger brauchen wird, würde sofort etwas Verdächtiges an seinem Sohn auffallen. Der Plan würde scheitern. Für Thomas hat sie ein Hauptgericht mit Hühnchen und Spinat vorgesehen, ohne Gift. Er darf nicht zu viel davon essen, sonst hat er keinen Hunger mehr für den Nachtisch. Die Zahlen sind berechnet, die Portionen entworfen, sie hat alles im Kopf kalkuliert, abgemessen, bestimmt. Marie war immer eine Frau der Logik. Wenn sie ein Projekt anging, gab sie sich unendliche Mühe, an den kleinsten Details zu feilen, an die vor ihr niemand gedacht hatte.

Laurent ruft sie an. Er bittet sie, mit dem Essen nicht auf ihn zu warten, er ist mit seiner Arbeit sehr im Verzug. Marie versucht, ihre Panik zu verbergen und ihrem Mann gegenüber gleichzeitig beharrlich zu bleiben: »Hör zu, ich stehe jetzt schon seit Stunden in der Küche, um uns ein gutes Essen zu kochen. Das ist mir heute wirklich wichtig. Thomas und ich warten, wenn es sein muss, auch bis Mitternacht, auf dich. Aber komm doch bitte einmal früh nach Hause ...«

Marie weiß, mit welchen Argumenten sie Laurent immer überzeugen kann: die Vernachlässigung seiner Familie, die Schuldgefühle, nicht genügend Zeit mit seinem Sohn zu verbringen, das Essen, das seine Frau mit viel Liebe für ihn gekocht hat. Die Familie auf immer und ewig.

Laurent war nicht ganz ehrlich zu seiner Frau. Er wollte nach der Arbeit mit Julia noch etwas trinken gehen. Er braucht ein wenig Ablenkung von Marie und Thomas, bevor er die Nachricht vom Labor oder von Paul erfährt. Die Angst vor den Testergebnissen quält ihn schon seit drei Tagen. Es kostet ihn Überwindung, nach Hause zu gehen und in Gegenwart seiner Familie abzuwarten, wie seine Geschichte als Mann und Vater ausgeht. Paul hat ihm eine Nachricht geschickt, dass er nach der Arbeit im Labor vorbeigeht, um die Ergebnisse persönlich abzuholen, und sie ihm dann direkt weiterleitet. Laurent ist erleichtert. Er wird früh nach Hause gehen, vielleicht die letzten ruhigen Augenblicke genießen.

Marie trägt das Kleid, das ihr Laurent zu ihrem letzten Geburtstag geschenkt hat. Sie hatte es im Schaufenster eines Kaufhauses gesehen, als sie mit Thomas auf dem Boulevard Haussmann spazieren gingen. Es war sehr kalt. Die Autos waren zum Teil mit Schnee bedeckt, und auf den Gehwegen lag eine hohe, gräuliche Masse, durch die alle hindurchwateten. Sie erinnert sich noch, wie sie sich gefreut hatte, als sie das große Geschenk auspackte. Dieses bezaubernde Kleid, an das er für sie gedacht hat. Marie wird es nicht hinnehmen, dass alle ihre Erinnerungen von der grauenvollen Wahrheit ausgelöscht, befleckt, durchdrungen werden. Die Vorstellung zu sterben ist angenehmer für sie. Die Mixtur aus Medikamenten und Gift wird Laurent ohne Schmerzen einschlafen lassen. Er wird sie nicht mehr berühren. Es wird wie ein langer Familienschlaf, um alles zu vergessen und sich woanders wiederzufinden, an einem Ort, weit weg von all den Qualen der Realität.

Um 18:30 Uhr hört Marie das erste Klappern am Türschloss. Er hat sich wirklich angestrengt. Er kommt heute sehr früh nach Hause, um das Essen mit der Familie zu genießen. Seine Handgriffe sind noch dieselben. Er legt die Schlüssel auf die kleine Anrichte, lässt die Tür offen stehen, stellt die Schuhe auf den Boden, hängt den Mantel an den Kleiderhaken auf der rechten Seite, dann fällt die Tür ins Schloss, Maries Vorname hallt bis in die Küche. Zum letzten Mal.

»Zu Tisch!«

DER TAG IST ihm unendlich lange vorgekommen. Als Paul die Tür seiner Praxis abschließt, denkt er an das letzte Gespräch mit seinem besten Freund Laurent. Heute Abend muss er ihm das Ergebnis des Vaterschaftstests mitteilen, ganz gleich, wie es lautet. Die Fachärzte in der Ausbildung eilen noch durch die Gänge, beladen mit Patientenakten. Das Krankenhaus de la Salpêtrière ist einer der wenigen Orte, die nie stillstehen, vierundzwanzig Stunden geöffnet, gehen dort jeden Tag tausende Menschen ein und aus. Vom Medizinstudenten bis zum Schwerkranken, vom Spezialisten bis zum einfachen Beobachter, vom Arzt bis zum Forscher sind alle auf die riesigen Campusgebäude verteilt. Paul erinnert sich, dass er am Anfang seiner Karriere Monate gebraucht hatte, bis er sich in allen Stockwerken der gynäkologischen Abteilung zurechtfand. Heute fühlt er sich hier zu Hause. Den Weg, um Laurents Ergebnis abzuholen, könnte er mit verbundenen Augen zurücklegen. »Hallo, Guy! Ich hätte gerne den Test 89097034.« Der Sekretär, ein Mann Mitte fünfzig, tippt etwas in seinen Computer ein, um herauszufinden, wo er das Ergebnis einsehen kann. Es ist nicht hier. Ein Teil des Labors wurde vor kurzem in ein Nebengebäude außerhalb der gynäkologischen Abteilung verlegt. Paul regt sich auf. Er versteht nicht, warum die Ärzte praktische Informationen immer als Letzte erfahren.

Es ist 20:45 Uhr. Paul muss den ganzen Weg wieder zurückgehen, das Gebäude verlassen und sich in den Westflügel begeben. Er weiß, dass Laurent ängstlich auf das Ergebnis wartet. Er macht sich Vorwürfe, weil er sich schon ein wenig verspätet hat, und will ihm eine Nachricht schreiben. Als er seine Taschen durchsucht, bemerkt er, dass er das Handy auf dem Schreibtisch liegenlassen hat. Er eilt den Krankenhausflur entlang, nimmt sich nicht einmal mehr Zeit, seine Kollegen im Vorbeigehen zu grüßen. Eine junge Frau überreicht ihm schließlich den Umschlag mit den Testergebnissen. Er weiß, dass es keine Zweifel geben kann. Paul öffnet ihn nicht sofort, er will zuerst sein Handy holen, um Laurent so schnell wie möglich anrufen zu können.

Es ist 21:15 Uhr. Die Uhren im Krankenhausflur zeigen die exakte Zeit an, auf die Sekunde genau. Paul schwitzt. Er hat panische Angst davor, das Urteil zu erfahren, spürt sein Herz heftig in der Brust hämmern. Sein Herzrhythmus geht schneller, sein Blutdruck steigt, seine Hände werden feucht, liegen eiskalt auf dem Umschlag. Als er endlich in seiner Praxis ankommt, greift Paul nach dem Handy. Laurent hat ihn zweimal angerufen, ohne eine Nachricht zu hinterlassen. Einmal um 20:30 Uhr und ein zweites Mal um 20:45 Uhr.

Paul nimmt kurz am Schreibtisch Platz. Er öffnet den Umschlag, faltet die zwei Blätter auseinander. Er muss die Handynummer seines Freunds nicht lange suchen. Laurent und er telefonieren oft. Er ruft ihn zurück. Es klingelt mehrmals, niemand hebt ab. Paul probiert es dreimal. Keiner der drei Anrufe wird entgegengenommen. Er beschließt eine Nachricht zu hinterlassen:

»Hallo Laurent, hier ist Paul. Ich habe das Ergebnis. Es gibt keinen Zweifel, der Test ist zu neunundneunzig Prozent positiv. Du bist sicher der Vater von Thomas.«